明治大学商学部
寄付講座シリーズ

The Art of
アート・オブ・物流
—進化する物流世界の実像—
Logistics

明治大学商学部 編

同友館

序文（はしがき）

本書は明治大学商学部の産学連携・融合の総合講座「アート・オブ・物流」について広く社会に紹介するものです。本講座はコロナ禍の２０２０年に、株式会社シーアールイーの社会貢献の一環としてのご寄付により設置された物流に関する総合講座で、開講から3年間の活動をまとめる形で出版に至りました。

明治大学商学部は１９０４年に日本の私立大学初の商科として創設されてから、わが国における商学教育のパイオニアとして、約１２０年にわたって研究・教育の両面で多くの実績を残してきました。そして、学部創設以来一貫して、「学理実際兼ね通ずる人材の養成」という基本的教育理念を掲げてきました。これは、単に知識として学説や理論を学ぶだけではなく、それを実際に使えるようになること、また、実際から学ぶことを意味しています。「アート・オブ・物流」はまさにこのような学部の教育理念に沿った寄付講座です。

また、明治大学商学部では商学を総合的市場科学と捉えており、マーケティング、金融、会計、経済、経営など幅広い分野の学問を学ぶことができます。物流は交通、流通、マーケティングに関係しますが、この分野の複数の研究者により手厚い対応ができるのも本学部の特徴です。また、10学部を擁する総合大学である明治大学において、全学共通総合講座として本講座を開講し他学部生も履修可能とすることで、物流産業に対する理解を商学部以外の様々な学生に広めることも意図しています。実際、受講生の約半分は他学部生となっています。まさに、明治大学商学部だからこそ開設できた科目と言えます。

さらに、物流関連寄付講座は、他大学では輸送モード（海運企業、航空企業、トラック企業、鉄道企業、倉庫企業）を中心に構成されるのが一般的です。しかし本講座は、それと違う視点で、物流に注目し競争優位の源泉としている企業を対象にして、講師陣を編成しました。それぞれ登壇される企業は自社ビジネスに合わせた物流の仕組みを構築していて、そこには独自の技芸、テクニックなど、その企業の考え方や経験が蓄積されているとの認識から講座名を「アート・オブ・物流」と名付けました。

これまで物流産業は概して「安かろう、悪かろう」というイメージが付きまとい、あまり人気のない産業とされてきました。本講座開講にあたっては、このイメージを変えるという大きな目標も掲げています。

講座名に「ロジスティクス」という専門用語を使わなかったことも、物流産業をよく知らない学生に興味を持ってもらうための工夫の一つです。そのほか、理論面での理解を深めるため、交通論を専門とする本学部町田一兵教授が「物流とは何か」について概論的講義を行い、流通論を専門とする菊池一夫教授が各講義の注目点を概説します（これらの概要は本書序章と終章をご覧ください）。実践面については、企業の専門家やトップに自分たちのビジネスにおける物流の認識や考え方を産業の特徴に合わせて説明をしていただき、学生の反応を見て講師の入れ替えも行い、現在の講師陣に落ち着きました。さらに、講義のテーマも、ファッションビジネスの研究が盛んな本学部ならではのファッション関係のテーマ、国際物流、MaaS（Mobility as a Service）等はもちろん、物流の２０２４年問題といったより現在のニーズに沿ったテーマを採り入れた微調整もしています。例えば、２０２３年度は、一般企業の取組みのみならず、自然災害が多い日本における高度な災害救助の仕組みの重要性を意識し、物流ネットワークのレジリエンスに関する講義も取り入れました。

最後になりますが、本講座開講から今回の出版までご支援くださった株式会社シーアールイー様、講師としてご登壇くださった物流業界の皆様、出版をお引き受け下さった株式会社 同友館様、講座開設から運営まで調整にあたった明治大学 小川智由名誉教授、明治大学商学部 町田一兵教授、菊池一夫教授、和田格事務長をはじめとする事務職員の皆様に心より御礼申し上げます。

明治大学商学部長　中林真理子

刊行によせて

まず初めに、このたびの『アート・オブ・物流』発刊にあたり、ご協力をいただきました明治大学ならびに各講師の皆様、関係各位へ、心より御礼申し上げます。

私どもシーアールイーは、次世代を担う学生の皆さんに物流業界への関心・興味を持っていただき、物流の社会インフラとしての重要性を理解して頂くことが、ひいては将来の業界の更なる発展に繋がるとの思いから、２０２１年度より明治大学全学共通総合講座においての寄付講座を開講いたしました。

経済活動を行っていく上で、流通および物流はその基盤となるものです。そのなかで重要な要素の一つとなる「物流拠点」は、単なる保管場所ではなく、需給調整にはじまり、流通加工や梱包、仕分けなど、その役割は多岐にわたります。そしてこの「物流拠点」戦略こそが、「物流戦略」の策定において、昨今特に重要視されています。

ＣＲＥグループは、国内でも数少ない物流不動産分野に特化した企業集団として、数多くの物流施設の開発、管理、アセットマネジメントまでの一連のサービスを幅広く提供しております。

昨今では「物流インフラプラットフォーム」構想を掲げ、不動産としての「物流拠点」のみならず、そこで働く必要な人材の確保から、在庫管理システム・倉庫の自動化など、物流拠点の機能性・利便性をさらに高める多角的な支援も行っております。ＣＲＥグループは「物流」の発展に向け、常に新しい価値を提供し続ける企業であるために今後も邁進して参ります。

「物流」をより発展させていくためには将来を担う人材の「物流」への関心・興味・理解が不可欠です。「アート・オブ・物流」と題された本講座においては、明治大学商学部町田一兵教授／菊池一夫教授のコーディネートのもと、各業界を代表するスピーカーの皆様にご登壇いただき、物流にかかわる様々な視点から、物流業界及び関連産業の役割及びその仕組みについて貴重なお話をいただきました。重ねて御礼申し上げます。

我々も参画させていただいた、本講座および本書籍が学生の皆様の見聞を広げ、更なる業界発展の一助となれば幸いです。

株式会社シーアールイー
代表取締役社長　亀山忠秀

目次

■第2章　MaaS（Mobility as a Service）と輸送のシェアリング――39

第3章 進化するAIと物流―世界的ガリバー企業の取組み――69

第4章 物流のプラットフォームと中小事業者の活性化――89

第9章 美術品の物流—Art of Logistics— 201

■ 終 章　流通論から見たアート・オブ・物流 ―― 223

序　章

物流をアートする―物流の基本とその動向

明治大学商学部教授　町田一兵氏

1．はじめに

物流活動および物流産業は、経済を支える極めて重要な位置づけにありながら、裏方の仕事であることが多く、以前は広告による露出も少なく、大手数社以外は学生にとって認知度は低く、実態があまり知られていない産業だった。

しかし、近年ではグローバリズムによる国際物流の拡大やＥコマースの普及により、ドライバー不足や災害による物流障害などが社会問題として、新聞やビジネス雑誌などで頻繁に取り上げられており、結果的に経済活動における物流の重要性が個々の消費者にも知られるようになってきた。また、ＡＩの導入やＩＴ技術による配達の効率化など、多くの物流企業が独自の取組みを広くアピールし始めた。こうした動きによって、「物流」という言葉の社会的認知度が高まりつつある。

一方で、物流業界全体は相変わらず地味な産業であるという事実もあり、特に貨物自動車輸送市場など中小企業が主体となる産業では、労働者の比較的低い平均収入や長時間労働など、負のイメージが長らく存在し、働き手にとって人気のある産業とは言い難い。

だが、物流産業はすべての産業の基盤であり、物流無くして経済活動は成り立たない。異なるモノや産業の特性に合わせて、現場の技術や長年の経験、独自のノウハウなどが求められる分野でもある。今日、各産業の高度化に合わせ、物流産業はより高いスキルが求められている。

2.「物流産業」の範疇

「物流産業」と一括りに言っても、見方は様々である。総務省が発表した日本標準産業分類（平成25年［2013年］10月改定）によれば、物流関連の産業は主に「運輸業，郵便業（分類コードH）」という大分類に属する。ただし、そこにすべての物流関連産業が入っているわけではない。例えば今日、物流分野で大変注目されている物流不動産企業、物流関連のコンサルティング企業、物流関連の梱包材などを製造する企業、物流ニーズをマッチングするプラットフォーム企業などはこの分類には入っていない。

したがって、「物流産業」は産業分類とは別に、モノにかかわるすべての製造業、流通業の企業活動の一部としてみることもできる。本書に寄稿された方々が所属する企業の本業は物流業務ではないケースも多く、語られる内容としては、あくまでも本業の一部として関わる物流について、その仕組みや捉え方を取り上げていることを留意してもらいたい。よって、物流産業とは「自社業務の一部としての物流業務を行う組織」という広い観点からとらえることも可能である。

他方、大分類の「運輸業，郵便業」に入っている物流産業でも、実に多種多様な企業が含まれ、それぞれが異なる特徴を持っている。例えば、ほぼ独占企業である鉄道貨物輸送事業（日本貨物鉄道株式会社1社のみ）もあれば、貨物自動車運送事業のように事業者数が6万社超、しかも中小企業の割合が99・9%となっている産業もあるなど、実にバリエーションに富んだ産業である。

3.「物流」とライフスタイルとの関連

歴史を振り返ると、物流活動は単なるモノの移動や保管に留まらず、物流の都合によって我々の生活様式が決定した場面も存在する。現代の日本において、主食は米となっている。しかし、農産物の単位あたり生産量を考慮すると、甘藷や馬鈴薯などイモ類はカロリーの産出が米よりはるかに多い。食糧の効率的な生産を考えるなら、我々の主食は米ではなく、芋類の方が適しているかもしれない。

しかし、農産物は限られた時期に大量収穫するの

表1　物流関連各産業一覧

区分	事業者数	従業員数（万人）	中小企業の割合
貨物自動車運送事業	62,068	193	99.9%
倉庫業	6,557	11.2	91.0%
内航海運業	3,408	6.9	99.7%
港湾運送業	861	5.2	88.6%
航空貨物運送事業	22	4.1	45.5%
航空利用運送事業	203	1.2	70.4%
鉄道利用運送事業	1,133	0.7	88.8%
外航海運業	192	0.7	54.4%
鉄道貨物輸送事業	1	0.5	
外航利用運送事業	1,069	0.4	80.8%
貨物自動車ターミナル業	16	0.05	93.8%

注：中小企業とは、サービス業の場合、資本金の額又は出資の総額が5千万円以下の会社又は常時使用する従業員の数が100人以下の会社及び個人。中小企業庁HPより https://www.chusho.meti.go.jp/soshiki/teigi.html

出所：一般社団法人日本物流連合会編『数字でみる物流』2020年度、131頁を参考に

に対し、消費は年間を通して徐々に行うという需給のギャップが常に存在する。そのギャップを解消するために長期間保管という重要な物流プロセスが必要となる。その際、種である米は乾燥した状態で長期間保存ができ、根部にあたる芋類は水分が含むことで長期間保存に適さないという特性があり、これが、米が我々の主食となった一因である。

　また、流通に対する考え方の違いにより、同種のモノを扱う物流活動でも、その内容が大きく異なるケースがある。例えばスイカの場合、無論生産条件も異なるが、日本では流通の段階において、主に個体ごとに箱詰めして輸送するのに対し、アメリカの場合、収穫段階から多数のスイカを巨大な段ボールコンテナに入れ、同じコンテナを遠く離れた（例えばカリフォルニアからハワイのオアフ島）小売店の店頭までそのまま移動して陳列販売

表２　各食糧単位当たりの収穫量

令和２年 単位：kg	水　稲	陸　稲	小　麦	二　条 大　麦	六　条 大　麦	甘藷 （かんしょ）	馬鈴薯 （じゃがいも）	大　豆
10ａあたり 産出量	535	236	411	306	290	2,070	3,070	161

注：1 a ＝ 100 m^2。甘藷のみ令和３年の数値。
出所：「令和２～３年（2020～2021年）関東農林水産統計年報」及び「令和３年度いも・でん粉に関する資料」

写真１　アメリカ量販店の店頭におけるスイカの陳列

出所：アメリカハワイ州の量販店前、2016年５月筆者撮影

する。その際、一部下地となっているスイカの破損もよくあるが、物流コストを大幅に抑えられるメリットがある。なお、アメリカの量販店では玉ねぎやジャガイモなど、単価が低くて大量生産される野菜の輸送にもこの方法がよく使われている。

このような事例からわかるように、物流活動は我々のライフスタイルの一部であり、我々の生活様式に合わせた様々な形で保管、輸送され、我々のニーズに応えている。

4. 現代生活に関わる「物流」の姿

現代社会の物流活動は国境を越えて広域的に展開している。その効率を高めるために、「ハブ&スポーク(Hub and Spoke)」システムがよく用いられる。ハブ&スポークとは拠点（ハブ）となる空港・港湾・鉄道駅・貨物ターミナル（貨物が集中している場所）などから放射状の路線（スポーク）を展開させ、拠点間を基幹航路で大量輸送するネットワークを構築、ハブで貨物の積み替えを行う輸送方式のことである[1]。単純なハブ&スポーク構造は図1の左図だが、現実の物流はむしろ右図のような複雑な不規則となるハブによって構築されるハブ&スポーク構造を示している。

無数の不規則な点を繋ぐ線は実際には鉄道路線、道路、空路、海路であり、それぞれの点はその発着点と

1　ロジスティクス用語説明辞典に基づき、著者が一部付け加えた。日通総合研究所編「ロジスティクス用語辞典」日本経済新聞出版社、2007年、139頁。

図1　ハーブ＆スポークの概念図

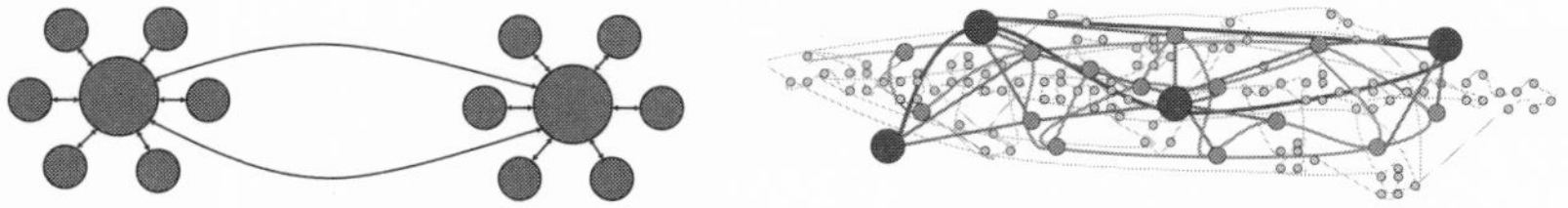

出所：筆者作成

なる駅、港湾、空港、ターミナルである。物流はこれら無数の点で結ばれており、大きいな点と小さな点が混在している。例えば成田空港や大井埠頭など大量の貨物が集中する場所もあれば、道の駅やバス停のような小さな場所まで、大小様々な点とそれに連なる路線が物流のネットワークを構築している。

こうした国境を越えた物流ネットワークにおいて、現代の物流活動は製品や商品の効率的かつ効果的な移動と配送を実現するために多様なプロセスによって運営されている。主なプロセスは次の通りである。

受注と予約管理：顧客からの注文や予約を受付け、その情報を適切なデータベースに記録し、オンラインプラットフォームやアプリを通じて顧客が簡単に注文を行えるようにシステムを運営する。

在庫管理：商品や製品の在庫状況をリアルタイムで監視し、必要な場合に補充や調整を行う。在庫不足や過剰在庫を防ぎつつ、需要に応じて適切な供給を確保する。

輸送ルートの最適化：配送先やルートを最適化する技術を活用して、効率的なルートプランニングを実現し、燃料消費の削減や配送時間の短縮が可能となる。

物流プロセスの可視化：製品や商品の現在位置や状態をリアルタイムに追跡し、荷主に進捗状況を提供することで可視化を確保する。これにより、自分の注文がどの段階にあるかを瞬時に把握でき、物流プロセスの信頼性が高まる。

ラストマイルの効率化：商品が顧客の元に届く最後の段階に、最適な仕組み作りでより少ない労働力により顧客の元への時間通りの商品の到達を実現する。

返品と交換：顧客からの返品や交換リクエストに対応し、適切な手続きを行い、効率的な返品プロセスを確立することで、顧客満足度を向上させる。

データ分析と改善：収集されたデータを分析し、サービスの効率性や改善の余地を見つけ出す。需要予測や効果的なルートプランニングのためにデータを活用することが重要である。

パートナーと効率的な連携関係構築：物流ネットワークは運送会社、倉庫、サプライヤーなど、様々なパートナーとの連携を通じて成り立つ。これにより、シームレスな物流プロセスが確立される。

複雑なハブ&スポークシステムの中、物流活動は上記の要素を組み合わせ、効率的なモノの保管、移動と配送を実現し、顧客満足度の向上やコスト削減を実現することが役割として期待されている。なお、それを実現するには、物流産業に対する高い専門性、つまり『アート（ＡＲＴ）』が求められる。

5．なぜ物流には「アート」が必要か

物流の基本的機能と言えば、Ａ場所からＢ場所にモノを運ぶことが一つであり、いわゆる輸送による需要と供給を結ぶプロセスである。そして、物流にはモノを運ばなくても需要と供給を結ぶプロセスが存在す

る。それは物流の保管機能である。前述した米と芋の話と同様に、お正月の間に大量に販売される蟹がその時期、集中的に捕獲されるわけもなく、捕獲時期と販売時期のギャップを埋めるため、物流の保管機能がその役割を果たしている。

一方、こうした基本機能を果たすと同時に、物流サービスの提供には多くの制約条件が課されている。まず輸送において、ほとんどの場合、物流は公共施設（道路、鉄道、空港、港湾など）を利用した業務活動である。その際、公共施設の利用に必ずしも物流が優先的順位を持つ訳ではなく、むしろ人的輸送を優先させることが一般的である。

また、物流は限られた予算内でしかコストをかけられないのも大きな制約である。日本ロジスティクスシステム協会２０２２年度調査によれば、売上高物流コスト比率は５・31％[2]（全業種平均）、つまり販売価格に対し、物流にかけられるコストは製品全体のコストのほんの僅かである。

その他、物流産業では主に化石燃料が動力として使われているため、燃料の高騰や使用することによる環境問題への対応はますます重要な課題となっている。

また、前述の制限条件を含め、物流産業の宿命として、常に利用する側の都合に応じて選ばれる立場であることも大きな特徴である。それは経済学の概念でいうと、物流に対する需要は「派生需要」だからである。

「派生需要」とは他の財に対する需要のために必要となる財（谷利 ２０１６、63頁）のことである。大学に通う目的で電車を使うケースを考えれば、大学に通う目的を達成するために、電車以外に、タクシーや自転車、バスも使えるという代替可能な財（ここでは移動手段）が存在する。物流の場合、目的を達成するために、多様な代替輸送道具や方法が目的に応じて選ばれ、物流をどのような形で行うかは常に物流事業者ではなく、物流サービスを必要とする事業者や個人の判断によるものである。

このように、物流業務はサービスを必要とする事業者や個人の目的を満たすための手段であるため、いかに限られた条件の中でより良いパフォーマンスを実現することが物流産業の腕の見せどころである。「派生需要」として、「アート」を駆使してニーズに合わせた最適なサービスを創出している物流である意味から言うと、物流は常に「独善」的にビジネスを展開することなく、環境やニーズの変化に合わせて効率的なアウトプットを産出することが求められる。簡単に言うと、基本的機能をいかに効果的に果たすかということである。そのため、独自の「アート」＝「技、仕組み」を持つことは同業他社に対する差別的優位性を図る際に最も効果的な手段の一つとなる。

6．「アート」な物流とは

通常「ＡＲＴ」と言うと、芸術作品を連想するが、「ＡＲＴ」には「経験や勉強を通して身につける技術（A skill that someone learns through experience or study）」[3]を表す意味合いもある。物流産業はすべての産業の下支えであるゆえ、限られた費用、時間の中、様々な産業の特徴に合わせた物流の仕組みを作り上げ

2　https://www1.logistics.or.jp/news/detail.html?itemid=817&dispmid=703、２０２３年８月６日アクセス。
3　The Britannica Dictionary、https://www.britannica.com/dictionary/art、２０２３年８月５日アクセス。

る必要があり、長年をかけて優れた技術やノウハウが蓄積され、物流の仕事は実に「アート」である。

筆者が新入社員の頃、ある時、トラックドライバーにヒアリングを行った合間、F-1競技用フェラーリ車を輸送している運転手から誇らしげに自分の仕事が職人仕事であることを言われ、衝撃を受けた。また、物流企業の中、ユニークな展開をしている様々な企業があり、例えば海運会社でありながら、自社で貨物専用航空機（フレーター(Freighter）とも言う）も運営する企業、あるいはある海運会社が実際に不動産で大半の収益を得ていることを知り、物流産業は多くの職人によって支えられている上、企業の運営もそれぞれ独自のノウハウや経験にもとづくビジネス展開を持ち、「アート」的な労働者たちや企業が数多く存在することに気付いた。

異なる取扱対象の特徴を熟知した上で物流業務を行わなければいけないことから、日常の物流業務であっても、物流の「アート」感が随所にみられる。例えばアスパラは通常輸送も店頭での陳列も縦に置くのが正しい方法である。

写真２　店頭でアスパラの陳列状況（左：米国のあるスーパー、右：日本のあるスーパー）

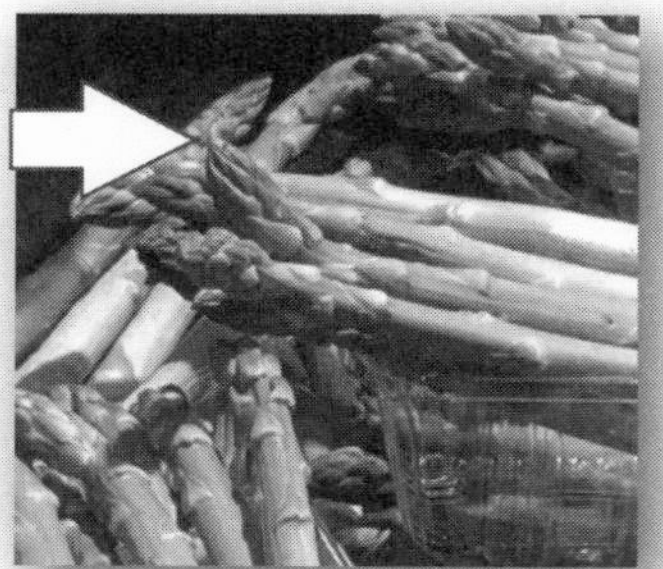

出所：筆者撮影

というのもアスパラはどの姿勢に置かれても、この先端が必ず上に向く習性がある。従って収穫段階から陳列まで常に縦で取り扱わなければならない。

その他、対象貨物によって、運ぶ時期（例えばバレンタイン前のチョコレート商品、「母の日」前のカーネーションなど）、運ぶ場所（例えば実店舗／ネットショッピングのための倉庫）、運ぶ状況（例えばマイナス60度の超低温で輸送保管する生マグロ、耐振動装置が必要とする電子部品など）が異なり、対象貨物の特性を熟知した上で物流プロセスを組まなければならない。そこには「アート」たる知識と技能が求められる。

様々な物流関連の「アート」たる技の中、一つ代表的なこととして「温度」を取り上げてみたい。普通家庭の冷蔵庫において、冷蔵室2～6度、野菜室概ね3～7度、冷凍室マイナス18度が一般的である。ところで、生鮮食品物流を扱うプロの見解として、最適温度はすべて異なると指摘している[4]。例えばパイナップルは7.5度、アボカドは4.5度など、それぞれ微妙な最適温度が存在する。なお、いわゆる「最適温度」とはそれぞれの野菜や果物が最も新陳代謝を抑えられる温度を意味し、その温度をキープすることによって新鮮さがより長く保てる。

また、大手コンビニエンスストアで売られているレタスとハムチーズを挟んだサンドイッチをみてみよう。販売価格に対し、それぞれの食材単価で考えると大変高利益な商品であることを容易に想像がつく。しかし、要となるレタスのシャキシャキとする食感をキープするため、レタスの収穫からサンドイッチに組み込まれるまで一貫して厳しい温度管理が行われ、その温度を保たままで店頭に陳列されるコールドチェーン

4　堀達彦様の業務経験でまとめた資料を一部転用。

の実現こそがこのサンドイッチの最大の付加価値と考えれば、物流プロセスにおける高い技術があってこそ付加価値の創出の実現ができたことが理解できる。

なお、日本ではちょっとしたことでも他国に比べて物流レベルの高さを示す事例がある。生卵は我々にとってごく普通の食材であり、料理素材として使われる他、そのまま食されることも珍しくない。しかし、海外では生卵を食べることは普通ではない。卵を生のまま食べられるということは、まず洗浄設備が整っており、さらに物流においても、低温での輸送が実現できているということであり、ここでも温度管理で物流が作り出した付加価値が大きい。

日本でお馴染みの刺身用生マグロは今日では高級魚として取り扱われているが、江戸時代では「下魚（げざかな）」と呼ばれていた。なぜかというと切断面が変色しやすく、腐りやすいことで不評だったからだ。それが食用魚としての地位が上がったのは、まず明治時代に缶詰による加工が可能となり、長持ちできるようになったことで一般的に普及するようになり、さらに今日の高級魚となったのは、やはり物流の冷凍冷蔵技術の発達によるものである。マグロ漁船では海外でマグロを捕まえ、マイナス60度の冷凍庫で保管することで新鮮さが保てる。そのためにマグロ漁は大量の燃料を消費し、燃料の高騰がマグロの価格と直接にかかわる理由ともなっている。

新鮮さを保つ技で物流の付加価値をもたらす。有効な保管方法により果物が鮮度を保ったままでシーズンオフまで保管できれば、シーズン中の売値よりも高く売ることが可能となる。むろん新鮮さを保つこと以外、熟成させる技術も同様の付加価値を提供する。肉や魚を保管プロセスで熟成させ、製造と消費のギャップを埋めることでＳＤＧｓへの貢献も物流が大きな役割を果たす。

このように、物流事業者や職人たちが様々な仕組みや技術、独自のノウハウをもって、物流産業の高度化に寄与し、良いパフォーマンスを構築している。

7. 物流産業の課題

メーカーや小売業と異なり、物流産業のサービス対象である荷主は往々にして、運ぶ貨物のユーザーではない。したがって、荷主の指示に従って行った物流業務は付加価値に繋がっておらず無駄が多い。よって、単なる物流作業を行う物流事業者は荷主の言いなりになり、自ら業務の効率化や改善が行わないことが物流産業の収益性の悪さに繋がっている。

また、物流事業者が、輸送道具や輸送／保管拠点、輸送経路、保管方法などを通して物流サービスを創出することは間違いないが、荷主の視点では効率性を表すリードタイム、コスト、安全性などを重視する傾向がある。新幹線の普通車指定席料金に対し、快適さを求める旅行者はグリーン料金を支払って望むサービスを得るのに対し、同じリードタイムの場合、宅配貨物が軽自動車ではなく高級車を使って運んだからと言って、より高い運賃を得ることは一般的ではない。物流事業者はこうした荷主の考えを理解した上でサービスを提供する必要がある。

ライフスタイルの多様化により小口多頻度物流が増加したことで、これまで大量な貨物を効率良く運ぶ「ハブ＆スポーク」物流システムの構造に大きな見直しが迫られる。

オンラインショッピングの普及により、顧客は自宅から手軽に商品を購入できるため、小口の注文が増加し、多頻度の輸送が増えている。また、実際の店舗も併せ持つ場合、それぞれ全く異なる物流の仕組みを維持する必要があり、物流のプロセスが大変煩雑になる。かつ、オンラインショッピングには速い配送を求める傾向があり、短期間に大量な荷物を捌くことが求められる。こうした需要の変化に対応できず、大半の日本国内貨物を輸送している貨物自動車（トンベースで91・6％、２０１８年）[5]の積載率が40％弱（２０１８年）まで下がり、物流産業のコスト上昇と効率の低下をもたらしている。[6]

さらに、１９９０年の規制緩和以降、道路輸送や倉庫事業などを中心に多数の事業者による激しい運賃競争が起こり、かつ商慣習による非効率的な輸送（例えば長い荷待ち時間など）の常態化で、産業全体に低い給与水準と長い労働時間のイメージをもたらし、労働者から敬遠されるようになった。

物流産業は他の産業と同じく、徐々に上昇する人件費によるコスト上昇は避けられない。その場合、サービスのレベルアップを考えるのみならず、サービスのレベルダウンも現状に合わせて検討することが重要である。日本郵便が土日配達を廃止したことはその一例である。

図２　営業用軽自動車保有台数の推移

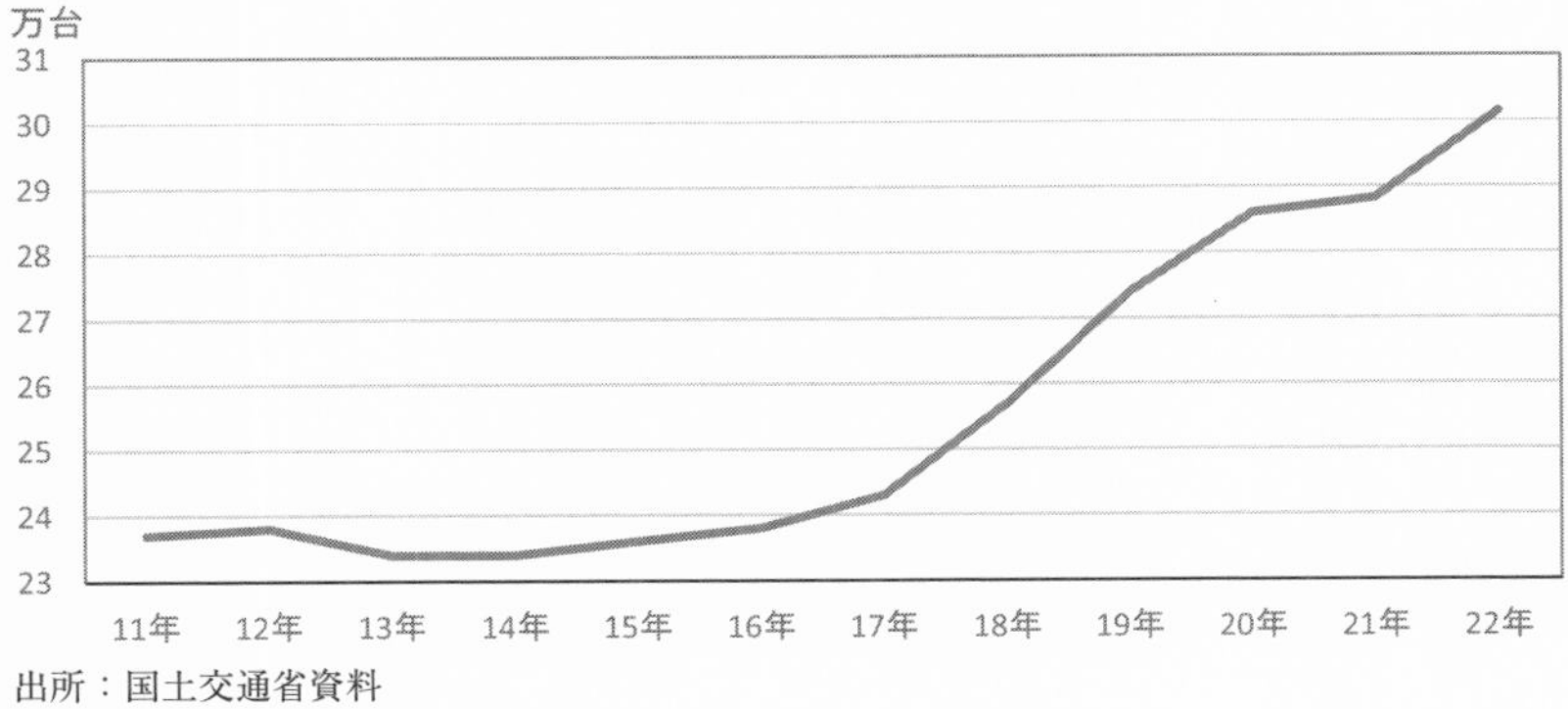

出所：国土交通省資料

他方、物販系分野のBtoC-EC市場規模の拡大に伴い、小口宅配市場が急拡張することで新たに中小規模や個人運送事業者が市場に続々と参入している。すでに２０１７年以降、末端の宅配業務によく使われる営業用貨物軽自動車登録台数が急増し、２０２２年３月の時点では30万台を突破した。小口貨物市場の継続的成長を睨み、市場に担い手の多様化が進んでいると同時に、個人事業主の過労防止や公正な取引を実現するためのルール作りがまだ途上である。

すでに人口減少による国内需要の低迷が物流産業を直撃している。大きく変化する物流需要にどう向き合うかは物流産業に求められる課題であり、従来の物流サービスに対する発想の転換、つまり「リフレーミング」の導入が求められる。

8．魅力のある産業として

「リフレーミング」とは物事の捉え方（枠組み）を変え、違う視点から再考することである。かつて、日本の物流産業は海運、航空、鉄道、自動車貨物などの輸送モード別に物流企業がそれぞれの得意分野でサービスを提供してきた。しかし、１９９０年代の規制緩和とともに、物流事業者は自らの特長を活かしながら、多様化や高度化する物流ニーズに対応し、様々なサービスを提供できるようになった。さらに90年代後

5　全日本トラック協会「トラック輸送データ集 ２０２２」8-9頁
6　トンベースでは貨物自動車の輸送割合、貨物自動車積載率は国交省資料参考（https://www.mlit.go.jp/common/001354692.pdf、２０２３年８月19日アクセス。）

半、アメリカから「3PL」（サード・パーティー・ロジスティクス）という用語が日本で普及し始めた。物流の3PL化により、この産業に新たな可能性をもたらされている。

3PLとは基本的にある企業のロジスティクス機能の一部または全てを担う「外部の供給者」（External Supplier）である。その定義には様々な見解があるものの、「単なる輸送だけでなく荷主の物流業務を広範囲で受託する新しいタイプのビジネス（齋藤 2005、5頁）」と理解し、大手事業者を中心に、個別輸送モードや個別輸送機能の垣根を越え、複合サービスとして提供する方向にシフトし始めた。例えば100年以上の歴史を誇る海運大手APモラー・マースク（デンマーク）がマークスエアカーゴ社を設立し、自ら貨物専用機（フレイター、Freighter）を運営するようになった。[7] 国内においても、NX社（旧日本通運）やロジスティード社（旧日立物流）などがフォワーダー業務を中心に、物流課題を解決するための組織構築を目指すようになった。

他方、自社貨物が急増した背景に加え、近年石油価格の高騰による燃料価格の上昇、そして人件費などの上昇による物流外部委託費用が膨らんだことに対し、これまで外部委託してきた物流業務の一部、とりわけ国際海上コンテナ貨物輸送や国際航空貨物輸送などを自社で行う傾向も出てきている。

海外では流通大手であるAmazonがすでに自社で海上輸送やフレイター[8]、自社倉庫の運営を行うようになっており、同様に米国のコストコ・ホールセール・コーポレーションやウォルマート、国内ではニトリホールディングズが傘下の株式会社ホームロジスティクスを通じて、大口荷主の立場から自社物流を手がけるようになった。それぞれ取扱う貨物のボリュームを考慮すると、これらの企業はいずれもすでに世界レベルの大手物流企業であり、こうした企業が自社物流を本格的に外販（一部はすでに開始）するようになれば、物流産業の地図は大きく塗り替えられるであろう。

したがって、物流産業は既存の物流事業者の変貌及び異業種からの新規参入で大きく変わろうとしている。その際、最も重要なことは、すべての物流機能や輸送モードを自社で行うことではなく、荷主が求めるサービスに向けて、得意分野を持つ他社と提携しながら、効率的かつ効果的に物流サービスを提供できるような物流管理を実現することである。

今、その実現のために、従来の「運輸業、郵便業」大分類に入っている物流事業者もさることながら、その枠組み外の大手流通事業者、物流コンサルティング企業、物流不動産開発／管理企業、荷主と輸送事業者／荷主と倉庫事業者をマッチングする物流プラットフォーム企業などがそれぞれの立場で、物流サービスのレベルを高め、付加価値を創出することにチャレンジしている。その試みは物流産業に新たな成長性をもたらすであろう。

最後に、前記の認識を踏まえ、物流産業をより多くの方々に理解していただくことを目的に、本書は物流業界では一般的に使われている海陸空などの輸送モード別や保管・輸送・荷役など機能別のアプローチではなく、物流にまつわるビジネス戦略及びその外部的環境に関する興味深い視点を、物流業界の第一線で活躍されている実務家の方々に講演録というかたちでご提供いただいている。「企業の経営戦略の一部としての

7　https://www.maersk.com.cn/transportation-services/air-freight/maersk-air-cargo、２０２３年８月19日アクセス。
8　「アマゾン、物流も自前で　米中間を海上輸送」日本経済新聞２０１６年２月６日。

展開」、「物流領域の新ビジネス」、「災害時の物流対応」、「物流の社会的貢献」、「物流のプラットフォームビジネス」、そして「熟練な職人技」や「世界に誇る物流関連機器」など、「ＡＲＴ」というコンセプトにまとめた複数のキーワードを初心者にトピックとして提供し、興味関心を持っていただくことで、自ら深堀りし、物流産業の仕組みや役割を理解していただければ幸甚である。

【参考文献】

谷利亨『交通研究のダイナミックス』白桃書房、２０１６年。
David Dunne 著、菊池一夫　ほか訳『デザイン思考の実践』同友館、２０１９年。
齋藤実『３ＰＬビジネスとロジスティクス戦略』白桃書房、２００５年。

第１章

高付加価値の物流

株式会社千疋屋総本店代表取締役社長　大島博氏

こんにちは。千疋屋総本店の社長を務めております大島博と申します。今日は〝サムライ弁蔵水くわし売り出し〟１８９年、千疋屋総本店のブランド経営と流通というテーマで、流通を中心にお話をさせていただきます。

1．千疋屋の歴史

私は６代目店主になりますが、今年で創業１８９年。私は６代目の社長を務めています。千疋屋はファミリー経営であり、初代も大島という名前でずっと続いてきました。

１８９年前というと江戸時代、天保５（１８３４）年です。幕末に創業しました。まず千疋屋という店名の由来ですが、地名です。埼玉県の越谷市、今では東町という名前ですが、そこに千疋村がありました。千疋村が会社の名前の由来です。千疋村は、ＪＲ武蔵野線に越谷レイクタウン駅がありますが、そこから南に歩いて15分ぐらいの場所です。越谷市と草加市の間ぐらいです。かつての千疋村で創業し、そこから江戸まで、フルーツや野菜類を船に乗せて行商に出たのが始まりです。昭和時代には東武バス停に「千疋」と「南千疋」という名が残っていましたが、現在このバスは廃止されています。

初代の店主は、千疋村で槍の道場を経営しておりました。大島流という槍術使いでして、大島流は古くは豊臣秀吉の頃からあったそうです。槍の術を弟子たちに教える、侍養成学校のような道場でした。ところが、幕末になると、もう侍業になる人がいなくて、商人が台頭してきていまして、侍の弟子たちもその学校に通う生徒もいなくなって、本当に途方に暮れたという時期がありました。当時は天保年間と申しまして、非常に不景気、天候不順による飢饉、農作物も毎年作柄が違うような、経済的にも気候的にも非常に不安定な時期でした。このような状況では、侍業ではやっていけなくなりました。

千疋村は江戸近郊花見名所の一つでした。ここは桃の花が有名で、江戸から当時の日帰りで遠足ですと、日の出と同時に江戸を出て、ここで花見をして日暮れ前には帰る。当時の江戸の人たちは足が速かったんですね。結構な距離があると思いますが、日帰りをして花見をするところでした。桃の花が咲くということは実も付きます。ここは桃の名産地でもあり、他にも野菜類果物がありまして、フルーツでは真桑瓜《まくわうり》です。瓜と言うと、どちらかというとキュウリみたいなウリ科の植物ですが、当時は果物として食べていました。

スイカに近いような、スイカをもうちょっと香りくさくしたような味です。他に柿やミカン、ミカンといっても皆さんがイメージするような綺麗なミカンではなく、野性のミカン、夏みかんに似たような、そうした作物の産地でした。

また、ここには旧利根川が流れています。現在は中川という呼称ですが、この川は千疋村のすぐ側に面していて、水はけが良くて農産物も非常によく育った場所です。ここに当時の江戸時代の船、矢切舟という先が矢のように尖った船で、大体大人だと2~3人しか乗れないような小さなボートのような船に産物を積んで江戸まで行商していたというのが始まりです。

千疋屋は、最初は露店商から始まりました。千疋村の果物は越谷市と草加市の堺にある当時の河岸から船に積んで、それで江戸に行商に行っていました。「音店河岸」という名の石碑は残っています。

中川から荒川を経て隅田川に出て、それで東京の日本橋の河岸まで行っていたというのは流通の原点ですよね。当時は全て船でした。もちろん、自動車はなくて、せいぜいあるのが大八車や、そういった滑車ですけれども、農産物は傷みやすいので、やはり水流というのが一番の運送手段としては一番良かったのです。

中央区室町の日本橋はふき屋町寄居町、今の人形町３丁目の当たりに、江戸時代葺屋町に荷物をあげて露店商から始まりました。この絵の中には間違いが２つあります。当時はハウス栽培などなかったので露地もの、いわゆる天然というかハウスなどで栽培していない露地ものでしたので、季節感が出ます。ブドウとナシと柿は秋ですよね。ミカンは冬。だからこれらが同時に並ぶということはまずあ

「露天商」弁蔵

りませんでした。これが一つの間違いです。次はナシです。ナシはいわゆる和ナシで丸型ですがこれは洋ナシで、今ではル・レクチエやラ・フランスといった瓢箪型の洋ナシですけれども、当時はまだ和ナシしかなくて、丸いナシでした。この当時はこういう瓢箪型がありませんでした。

今お話しした人形町3丁目におやじ橋という橋があります。この橋のたもとに露天商を開いた。それがまず千疋屋の始まりです。このおやじ橋というのは、吉原が日本橋人形地域芳町という場所にあったんですけども、そこに架かる4本の橋があったんですが、その4本の橋の一つだったそうです。何でおやじ橋と言われているかと言うと、吉原に行く時に案内をしてくれるおやじがいたそうなんです。

芝居小屋の江戸三座のうちの森田座と中村座があって、芝居は何を上演しているかと言うと歌舞伎です。歌舞伎を上映した芝居小屋が多かった町で非常に賑わっていたそうです。今の日本橋人形町の辺りですけども、歌舞伎は朝から夕方までずっと上演していて、それを見に行く劇場でお弁当を食べたりしていました。飲食自由でした。1日いるものですから、この露天商で買ったフルーツを買って中で食べたり、歌舞伎終わった後、お土産に持って帰るなどしていたそうです。

露天商として初代のお店を構えた場所に「水くわし安売り処」という看板を出して、それが千疋屋となりました。千疋屋の疋でマークで、丸に疋という字が残っていますが、江戸二座のうち二座がある非常に栄えた場所でした。江戸三座は三つの大きな劇場ですね。近くには隅田川が流れていまして、周辺には浅草があります。レプリカですが、今でも日本橋室町の本店に行きますと「水菓子安売り処千疋屋総本店」と書いてある看板が残っています。これは水菓子と書いてありますが、江戸時代はお菓子だったんです。

水菓子はいわゆるスイーツの扱いでした。これがやはり日本の果物文化、西洋と違う果物文化なんです。

当時は冷蔵庫のような保存設備がなかったので、フルーツを干してドライフルーツにして店頭に並べました。それがお茶の席のお茶菓子として、例えば干し柿なんかもお茶菓子として売られていて、スイーツ菓子なのです。西洋ですと野菜と一緒でミネラルやビタミンを摂るための一つの食材ということで果物は売られています。日本はお菓子ですので、ギフト需要が多い。これだけ果物をギフトにする国は日本だけなんです。

日本の果物文化はお菓子にもなる。また、日本の果物は形にこだわります。見てくれは大事です。シミがあったり、歪だったりするとギフトに使えません。お菓子なので甘く美味しくという文化はずっと続いてくるので、日本のフルーツ文化はやはり世界ではないほどの高品質なフルーツを作る。品種改良が盛んになったのもこうした理由です。

日本は四季もあるし、もともとお魚や野菜の繊細な味を好む国民性があります。例えばミシュランガイドというフランスの食のガイドブックがあります。各国で出版していますが、やっぱり日本のミシュランが一番３つ星の数が多いと言われています。やはり日本はそういった味にこだわるというところでは、私どものギフト文化というのが残っている。それが付加価値で今も商売が続いていると言っても過言ではないと思っています。

２代目・文蔵の時代になるとですね。水菓子安売り処ですから、庶民にも買いやすく、手土産にもしやすい安い惣菜屋でした。その後2代目になると、これは2代目の奥さんで「むら」という方のおかげで千疋屋は高級路線に向かいます。当時、江戸の浅草にあった有名な料亭の八百善がありました。むらは結婚する前に、料亭に出入りをしていて待合室で茶を提供するんですね。お茶をたてて、干し柿などを提供して、サービスする係をやっていました。日本にきたオランダの人を接待したのも八百善でした。むらのおかげで、こういった高級料亭に千疋屋のフルーツが扱われるようになり、高級路線になっていきました。

3代目・代次郎。明治10（1877）年、明治時代に入りますと、人形町の3丁目の本店をこの頃になりますと最もさかえていた中央通りの室町に移しました。明治時代ですので、西洋文化に憧れを持っていたので、木造ですけれども、外見は洋館風という建物で、日本橋で営業を始めました。1階がフルーツの売り場で、2階には、当時はフルーツパーラーとは呼ばれていなかったのですが果物食堂というのがありました。それでここから上の3階と4階には、当時の店主と従業員の人が住んでいました。テラスがありますよね。ここにフルーツを並べて日干しをして、ドライフルーツにしていたそ

明治 24 年頃の室町店

大正 5 年頃の 2F フルーツパーラー

うです。

これは大正５（１９１６）年頃の資料ですが、大正時代に果物食堂からフルーツパーラーという名前を、造語として私どもが付けました。パーラーという名前にして、フルーツをメインにしたスイーツをここで販売しました。パーラーという造語の由来は、フランスにはパーラーやパフェなどの言葉がありましたが、アイスクリームやチョコレートを提供するパフェでした。我々はフルーツ屋なので、フルーツに特化したフルーツパーラーという造語をつくりました。当時、明治・大正時代は西洋文化に憧れていました。また外国人の方も多く見えてたそうで、この頃からギフトということを考えて、「大島式バスケット」という名前を付けて、果物以外にもウィスキーや酒などがドライフルーツが入った詰め合わせが有名になりました。

これ（資料）は大正９（１９２０）年の商品券ですが、金５円と書いてあります。大体、今の価値で５万円ぐらいです。５万円ぐらいの商品券で、フルーツショップとして商品券を発売したのは初めてだったと聞いております。松竹梅、５万円と松と書いてありますので、多分５万円、３万円、１万円とあったのですかね。現在５万円の商品券しか残っていません。この裏を見ると使えるお店が書いてあります。室町千疋屋というのが本店です。他は全部、暖簾分けの店です。当時暖簾分けと言うと、働いていた人は丁稚《でっちぼうこう》から入ってきて、中学生ぐらいから入ってきて、一応これで独立できるぞというか育ってきて、番頭さんになるのですが、番頭さんにお店を与えてい

大正９年の商品券

ました。一人前に育ってくると、店を渡して、あとは自分たちで経営していきなさいよとお店を与えました。

千疋屋は3店舗ありまして、暖簾分けは今でも続いています。日本橋千疋屋は私で6代目です。谷家（1851年創業）だと5代目です。齋藤家（1894年創業）はもう5代目でずっと続いています。関東大震災や第2次世界大戦で焼失してそのまま再開しなかった店もあります。現在、残っているのはこの日本橋店と京橋店と銀座店の3店舗です。皆さんがデパートで見かける千疋屋は、3店舗のいずれかの支店になります。三つの店舗はロゴが違いますので、ロゴを見ればどこの支店か分かると思います。

4代目・代次郎は、大正9年（1920）頃には、東京都の駒沢上馬、今の世田谷区上馬にメロン栽培場を持っていました。比較的広い土地に、煙突付きのメロン栽培用のハウスが5棟ありました。石炭でお湯を沸かして、ハウスの中に供給して、温室栽培をしていました。他にイチゴなど小さいハウスがありますが、ぞれそれ栽培をしていました。大正3（1914）年3月開設と書いてあります。

これは先程の日本橋に出てきた店です。明治時代に建った

当時の店頭のフォード車

店が大正13（1924）年に関東大震災で倒壊しまして、その後に建てた仮店舗ですね。西部劇に出てくるような建物なのですが、英語で看板が付いています。当時、2階は一応フルーツパーラーでした。この写真は仮店舗の中の様子です。当時、関東大震災で建物は倒壊しましたが、品物はすぐに入ってきまして、こうしてお店が再開できました。まず、関東近隣の産地の神奈川、千葉、埼玉の農園でできた品物を並べていました。すぐにこれは復活できました。そして仮店舗の向かい側に土地を買いまして、昭和4（1929）年に、現在の本店のある日本橋の三井タワーの敷地内にお店を構えました。

当時、T型フォードと言いまして、日本に数台しかないような車を配送車に使っていました。実際の配送は自転車で持って行った方が多かったようですが、ブランディングの一環で、高級感を出すために、走る看板のようなイメージで、T型フォードを使って配送をしていました。

5代目・代次郎の昭和の時代になりますと、日本橋三井タワーの場所にお店と事務所を構えております。

これは会社の社是（経営理念）ですね。私共は、3代目4代目5代目と大島代次郎を襲名しています。私は父が健在なもので、まだ博を名乗っていますけども、こうやって襲名しております。それで、その3代目の代次郎が書いた店是1客、2店、3

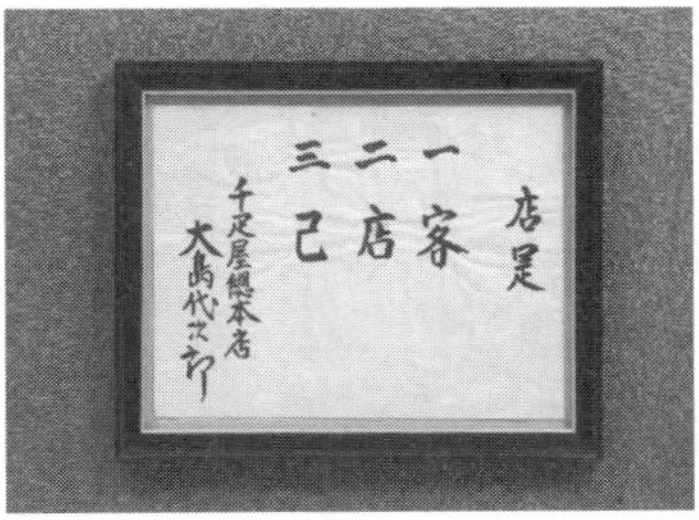

店是「一客、二客、三己」

家訓「おごることなかれ
あせることなかれ
よくばることなかれ」

己と書いてあります。これは三つの大事なことを意味しています。

家訓のほうは初代の侍だった頃の大島弁蔵が残したものなんですけども、家訓ですね。驕ることなかれ焦る事なかれ欲張る事なかれと書いてあります。一言で言うと謙虚でいなさいということですが、侍武士の精神が含まれている家訓です。

2．ブランディング戦略

6代目の私の時代になりまして、ブランド再生、ブランドのリバイバルプロジェクトを立ち上げました。2001年に千疋屋ブランドのアンケート調査を実施して、高い認知度や高級ブランド、本物志向、信頼感、本社立地が日本橋にあることも、一つの強みであることが分かりました。他方で、課題として変えていかなければならないところは、既存価値の活用度、顧客の高齢化、若年層の取り込む不足、デザイン戦略の不足、コミュニケーション下手、時代乖離している古めかしさによる色あせてしまったことといった諸課題がありました。

こうした中で千疋屋が大事に守るべきものは、コアコミュニティとしての果物、果物を柱とする商売、絶対安心と言い切れる品質の維持、CS精神とロイヤルティの高い顧客、屋号と日本橋となりました。他方で新たに手に入れるべきものは、時代の流れへの即応性、ブランド拡張力と事業展開、チャレンジスピリット溢れる社風、価格と屋号に見合う気品といったものとし、ブランド・コンセプトの見直しを行いました。その過程で見直したことは、商品、店舗、人、WEBツール、宣伝物やフルーツの中に入れる説明書、広告です。インターネット上で色々と評判もあり、そういったものも視野に入れながらお店の運営をしていこうよということになりました。その時、２００２年にロゴを新しくしまして、２０２１年9月にはロゴをブラッシュアップをしております。

今は第3次ブランディングの段階です。大体10年に1回ぐらい、トレンドに合わせてデザインを見直しています。こうしたロゴになった経緯を説明したいのですが、前は丸に疋という字が一つのシンボルマークでした。他方で新しいシンボルマークは、デーメテールの女神と申しまして女性の横顔が書いてあります。私の父の時代からレストランの名前がデーメテールと称し、それを引き継ぎましたフルーツにおいしい味がつくには葉が必要です。光合成する葉のイメージと千疋屋のSを重ねてロゴにしてあり、それをシンブルにして、今、使っています。これはブランドビジョンとして、自らも進化を遂げつつ、東京・日本橋の繁栄はもとより、日本の繁栄に貢献するとともに、日本の食文化の質を高め、食の歓びを大きく広げていくことです。ブランドのコアバリュー、パーソナリティ、ポジショニング、といったコンセプトに見直していきました。悠然、自然、卓越というキーワードで、ひとつ上の豊かさを見える化し、イメージを湧きやすくしています。

大きく、このブランドスタイルはまず表現ビジュアル的なものと、そして内面的な接客スタイルでアピールするという二つがあります。このブランディングで新しくお店を２００５年に作って、今、三井タワーの1階と2階にあります。１階が売り場で、２階がフルーツパーラーとレストランになっています。１階には気軽なカフェセルフサービスのカフェがありまして、２階はフルサービスのレストランとフルーツパーラーがあります。これは1階のメインストアは、内装を全てコンセプトに従って作っています。これで使われている木は、マンゴーの木から作った壁面です。

また、地域連携や他社とのコラボによるブランディングも試みております。

これは日本橋美人シリーズといって、ハチミツやイチジクジャム、梅酒、これは柿酢です。そんなのものを日本橋美人というシリーズものにして売っています。これは地域ブランドです。日本橋美人という名前をつけて、日本橋千疋屋だけではなく、例えば山本海苔さん、栄太郎さん（和菓子屋）、あるいは箱崎ノロエレパークさんなどが、日に心も体も美しく、健康に癒してくれるような商品を、それぞれの店が選定して日本橋美人という統一ロゴで売っています。これが地域ブランドです。これはウェブでも買えますが日本橋のお店に来ないと買えない、他のリアル店舗では売っていない商品です。

ブルガリというイタリアの宝飾品メーカーのレストランと昨年、この夏限定でコラボをしました。そこではケーキを販売しました。イタリアのドルチェでパンナコッタなど、チーズを使ったスイーツで、それぞれ上にもフルーツが入っているというかたちです。下地のドルチェもそれぞれに上のフルーツに合ったドルチェにした商品です。これは入れ物が日本の重箱のように2段になっており、去年発売をしました。これもやはりブランディングの一つであります。ちなみに、お値段は5万円です。

ブルガリのファンの方や、富裕層向けの商品ですが去年の夏限定で発売しました。夏限定というのは、社員マスカットやマンゴーなどのフルーツがこの時期、非常に種類も多いためです。

旧本店があった場所に、今は事務所のビルが建っています。三井タワーは向かいにあり、店舗は今、その三井タワーに移っています。２０１５年で新木場にイノベーションセンターという物流センターを開設しました。新商品開発部門やお菓子の工場などがこの中に入っています。そのほかにはウェブ事業部も一番上に入っており、イノベーションセンターという名前はつけておりますが、物流センターです。

海外に支店も出しておりますｏアジア中心なんですけれども、サイアム高島屋店、シンガポール高島屋店、香港そごう店の３店舗があります。サイアムとはタイのことで、バンコクにある高島屋さんの地下に入っています。これ以外にもシーズンになりますと期間限定で店を出していたりもします。

ただし、取り扱っている商品は果物や生のフレッシュフルーツではなく、ゼリーやジュース、ジャムなどの加工品です。フルーツは日本でないと、いいものが仕入れられないので、ちょっとなかなか難しいということで、海外店舗はインバウンド向けに展開しています。海外店舗では採算は合うのですが、そこで大きく儲けていくというのはなかなか無理です。そのため一つは日本に来られた時に千疋屋というフルーツスイーツショップがあることを知ってもらうために出しています。国外の現地の人は日本のデパートに行くと、こういうブランドで食品があるんだということを知って、日本に来た時に、それをお土産帰ってもらうお土産に持って帰ってもらう

「浮世小路千疋屋ビル（2013年）」
（商業施設名：YUITOアネックス）

という、お土産戦略を取っています。千疋屋の店舗は、東京か神奈川か千葉か埼玉など東京近郊にしかないので、やはり国内でも東京土産の戦略を取っています。そのＰＲのために、SEMBIKIYA FRUITS JOURNALというものを四季に一回出しています。

また、千疋屋グループは暖簾分けをして3社（千疋屋グループ3社）です。千疋屋総本店は江戸の天保5（１８３４）年で、最初に暖簾分けしたのが京橋千疋屋で明治14（１８８１）年です。銀座千疋屋を明治27（１８９４）年ということで、それぞれにもう１００年以上経っています。それぞれが老舗になっています。３店は仕入れも別々ですし、経営者も別々ですが、どうやってブランドを大体同じ千疋屋クオリティーを保っているかについて２００８年に共同宣言を行いました。１００年あり続けるためにということで共通成語をつくりまして、３社はこれを重視し、社会貢献に努め、最初は永続的な協力協調を約束し、共存共栄を図り、実家のブランド維持向上に努める。３社は運命共同体として紳士的かつ公平、そんな最初の家のルールを共有し、相互理解を重んじ、持っていこうということです。３社は部門間の交流協力体制を進め、業務互助にする部門間は大体3社が同じような職業で果物の小売りもあります。交流もあるし、お菓子も作っているし、あとはフルーツパーラーという飲食業態もやっているし、それぞれの部門で3社の責任者とその部門の人で年に2・3回、それぞれに協議をしてもらって、大体クオリティーを保っています。最初の頃はお菓子などそれぞれの作ったものを食べ比べして、それぞれに良いところを真似しようよということで始めたんです。その後、共通商品なども作れるようになってきており、このような千疋屋のクオリティーを保つ活動も行っております。

3．イノベーションセンター

ここからはイノベーションセンターの話を中心として、物流の話題になります。1階にトラックヤードが付いています。フルーツの仕入れについては、まず生産園地でできたものをＪＡの集荷場に生産者が持っていきます。これはやはり出荷して商品になる売り物になるものをまず生産者が選果してＪＡの集荷場に持って行きます。

「千疋屋総本店イノベーションセンター」
（2015 年新木場）

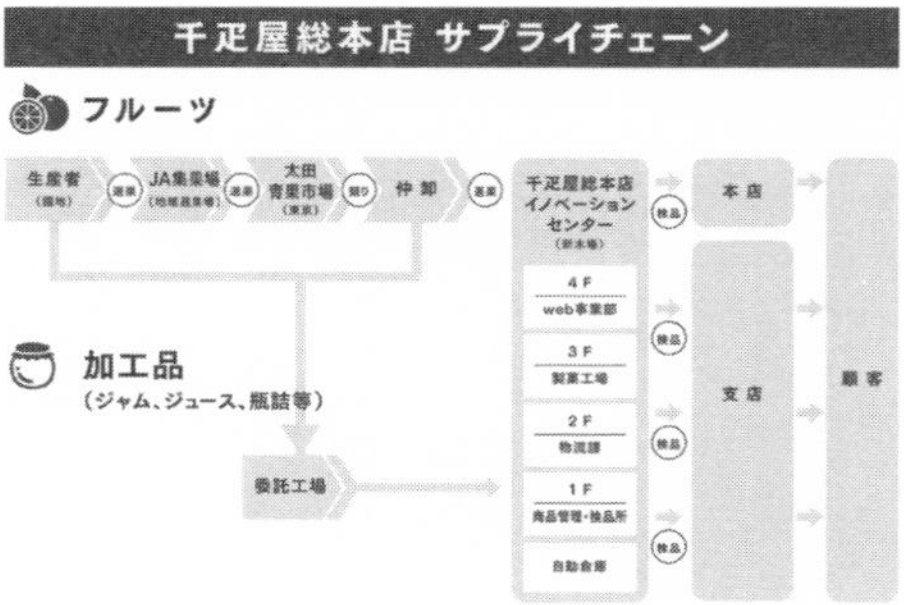

地域にはそれぞれの産地の集荷場があります。そして果物は地域の集荷場から東京の、太田市場という青果市場に向かいます。ＪＡが果物を選果して東京向けや大阪向けなど、あるいは地域それぞれに合ったようなものをそれぞれに振り分

けて、市場に持って行きます。

東京の太田市場に来た果物は競りにかけられます。仲買人が競りをします。次に、千疋屋向けに購入してくれる仲買人から、このイノベーションセンターに商品が納品されます。これはイノベーションセンターに来た商品は、例えば特定の支店用のフルーツの場合、商品管理部が支店に検品して振り分けます。

イノベーションセンターの物流課ではウェブ事業部や通信販売の商品を荷造りします。またギフトの場合、それぞれ産地から来た箱から移し替えて物流課でセットして、支店に流したり、直接ここからお客様のところに宅急便で配送するなどをします。こうした機能を果たしつつ、加えてこのイノベーションセンター3階には製菓工場があります。これはお菓子を作る工場です。お菓子にも果物を使っていますので、直接入ってきた果物はお菓子の工場で使ったりしています。イノベーションセンター3階の製菓工場ではほとんど生菓子のケーキ、イチゴショートケーキ、フルーツゼリーでのケーキを製造、販売して支店に流します。加工品ジャムやジュース、瓶詰め、缶詰は委託工場に出して、そこからイノベーションセンターの商品管理課に来て、それで支店に振り分けます。

自動倉庫については、イノベーションセンターの1階にトラックが着いて入荷したり、ここからトラックが着いて出荷します。入荷された商品は外階段が付いてる裏の全自動倉庫に保管されます。この建物の容積の4分の1ぐらいが自動倉庫になっています。

これは食品の場合、加工品などですとフルーツの場合は、もうその日に入れてその日に出荷するので、ストックすることはありません。他方で、加工品の場合はそれぞれに賞味期限があります。そのため、それぞれに仕入れても賞味期限が近いほど先に出していかなければなりません。賞味期限が近づくと売れなくてしまいますので、当社の場合は３分の２ルールというのがあって、賞味期限が３カ月あるとすると、最初の２ヶ月しか店頭に置かないんです。そして１カ月残しているものはもう下げてしまいます。それでそれを社内販売したり、それをフルーツパーラーで使うなどしています。後でお話しますが、食品ロスが出てしまいます。

イノベーションセンターの１階の奥が、貨物エレベーターになっています。パソコンで入出荷の管理をしています。それぞれにエレベータから商品を出して、トラックヤードで商品を積んで各店に配送しています。

２階の物流配送センターでは、２階にも取り出し口がありフルーツの詰め合わせの作業をして、商品化されたものを１階から宅急便で送付しています。これが２階の作業場です。３階は製菓部で、お菓子の工場です。３階で作ったものを１階に移してそこから出荷しています。ここで作られるのは生菓子なので、ここから直接通販として宅急便で配送することはありません。

生ケーキについては各店舗のフルーツケーキ売り場にイノベーションセンターで作ったものを出荷します。賞味期限が当日か翌日、せいぜい長くて３日ぐらいです。

４階がウェブ事業部になっています。ここで受注した情報にもとに配送伝票などを作成して、２階で作業をして１階から出荷しています。そういった意味では一つの場所で一つの建物中で非常にスピーディーに出荷体制が取れるということになっています。

営業業務部では各デパートに送るものの管理など、卸業務をやっています。ここは休憩所です。この休憩所は非常に見晴らしもよく快適な場所です。

このようなイノベーションセンターという物流拠点を作りましたが、現在それだけでは間に合わない状況になりました。そこで昨年から物流センターの別館という扱いで、新たに一戸借りています。

元々のイノベーションセンターは広さは一定程度ありますが、どちらかというと、ウェブ事業部が扱う量が年々倍々になってきています。商品の製造が追いつかないような委託工場に殆ど加工品を出していますが、イノベーションセンターだけでは手狭になってしまったので別の場所に借りています。

4．市場の変遷

これからフルーツ青果市場の変遷、東京の市場の変遷を見てみます。江戸の初期には青物市場があり、江戸市中に分散をしてました。その一つがこの神田の市場です。青物市場としては賑わっていて、明暦の大火（１６５７年）で全て焼けてしまいました。その後に復活したのですが、今度は１９２３年に関東大震災で壊滅的になって、神田の隅田町にあったのが秋葉原に引越しました。１９２７年に統一された巨大な神田市場ができました。

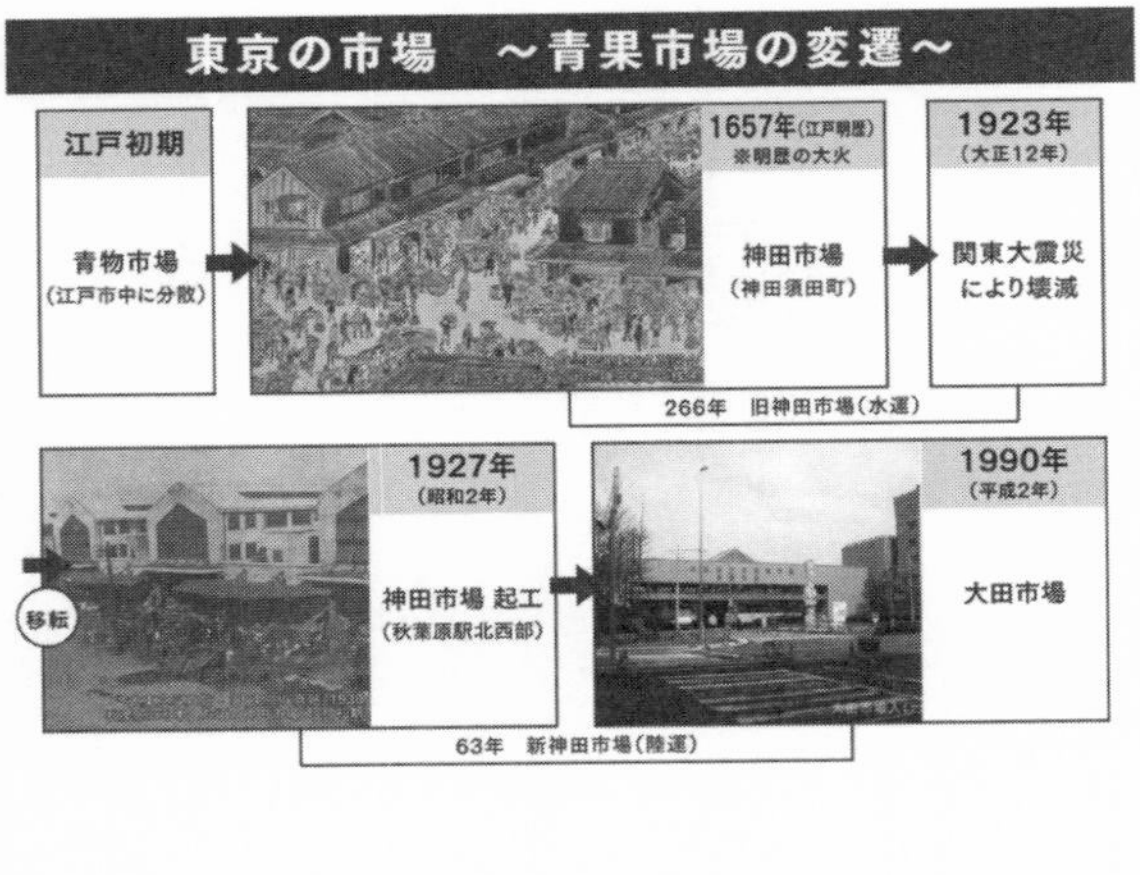

江戸時代から神田は川の近くにありました。当時は堀が入り組んでいて、神田市場にもこの時代の流通は船水運でした。それからこの神田市場が手狭になって太田市場に引っ越して、今は太田市場が東京の青果で主流の市場です。

東京の市場は値段が競りですので、値段が一番高く落とされます。本当に良いもの、トップクラスのトップは太田市場に来ます。品質の良い売り物は、産地からJAに流して、それぞれに都市の方に行くんですけれども、値段がつかないようなものは現地で消費して、現地のお店に行ったりもします。本当に良いものは、大都市のお店に出てきてしまうので、産直だと少しランクの落ちたものが、やはり主流になってきますので、産直で買われてもがっかりされる方が結構多いんです。

ただ値段もそれなりなので、本当に値段で大きく味も変わるし、という感じです。この神田市場では昭和の初め頃からやっと陸運が始まりました。しかし１９５５年ぐらいまではまだ海運が多かったといわれています。それを知るには、魚の市場を見るとわかりやすいのですが、最初は日本橋の河岸、この時は首都高がもちろんなかったので、今の日本橋の橋のたもとにこうやって船が着いて、魚や野菜類も着いていました。野菜もフルーツも、ここに着けて、仲卸売人のお店で、商売をしていました。これが河岸です。それが１９２３年に関東大震災で倒壊して、芝浦に仮の市場ができました。それで、１９３５年に築地市場になり、川に面していて、当時も水運で品物が納入されていました。

それから、２０１８年に豊洲市場に移りました。この頃には陸運で納品されるのがほとんどです。最近まで水運が主流でした。そんなことが見てとれるかと思います。

以上で私の講座を終了させていただきます。ご清聴ありがとうございました。

第２章 MaaS（Mobility as a Service）と輸送のシェアリング

NEXT Logistics Japan 株式会社　代表取締役社長　梅村幸生氏

１．絵で見る〝物流課題〟

NEXT Logistics JAPAN の代表梅村です。ドライバー不足が叫ばれる中で、２０１９年の12月より約３年間、ドライバー不足の解決のための事業に取り組んでいます。

私はもともと日野自動車の社員で、物流というフィールドにおいては素人の人間ですが、ドライバー不足といった物流の社会課題を解決しようと取り組んでいます。なぜこういうことが起きるんだろうか、と素人考えながら取り組んできた３年間だと思います。その中で見えてきた本質的な問題について、ぜひ今日は皆さんに共感していただけたらと思います。

私は１９９６年日野自動車に入社しまして、国内向け商品企画・マーケティングの仕事を長くやっておりました。主に担当していたのは小型トラックです。皆さんも記憶にあるかもしれませんが、「トントントントン日野2トン」というコマーシャルでおなじみの小型トラックです。日野自動車という会社は、大型、中型トラックやバスの製造がメインの会社でしたが、小型トラックという少し小さめのトラックを始めようということで、1999年に新しいトラック事業を立ち上げました。私はその商品企画・マーケティングや宣伝プロモーションを行ってきました。こういったことを長くやってきた人間であり、決して物流に携わっていたわけではありません。そういった意味ではどちらかというとトラックを売っていた側の人間です。トラックを使ってどのようにモノを運ぶのかということはわかっているつもりではいたんですけれども、実はあまりわかってなかったのですね。

転機になったのは、2014年に親会社であるトヨタ自動車のコーポレート部門に出向したことです。その時にちょうど豊田社長がトヨタ自動車は今までのクルマづくりの会社から、モビリティ・カンパニーになるんだということで、車を使ってどうやったら皆さんが幸せになるような社会課題が解決できるかということを模索しはじめたところでした。その中で色々な新しい技術を使って社会課題を解決しようというプロジェクトに参画し、その後、2016年に日野自動車に戻り、次世代商用ビジネスの企画をやりつつ、新しい事業を立ち上げる新事業企画部を立ち上げて、その中で作った会社がこのNEXT Logistics JAPANです。私は、そのまま代表としてその会社に移っているという自動車メーカーの社員としては大変貴重な機会に恵まれた、幸運な経歴の人間だと思います。

2017年にトヨタグループのメンバーで社会課題解決の取組みをやってみようということで、「商用物流・人流ワーキング」という名称で取組みを始めました。その時のメンバーはトヨタ自動車、ダイハツ、デンソー、豊田織機、三井物産、東京電力、デロイトトーマツなど様々な出自の人間でした。会社はバラバラ、こんな人間たちが寄り集まって社会課題を解決するために何をしたらいいのかを、絵に描いてみたり、色々なインタビューをしたりして1年ぐらいやっていました。そんな中で、社会課題を解決できるような戦略を立て、具体的に会社にしてみたのが今のNEXT Logistics JAPANです。

当時、このメンバーで実際、会社を作りこういうビジネスを立ち上げるんだ、となったところで、トヨタ自動車と日野自動車のトップや役員に向かってプレゼンをしました。企画書の一部には見てのとおり「絵」を描いて表現してみました。なぜこういう絵を描いたかというと、トヨタであったり、日野であったり、もともと車を作っている会社の方々は、エンジン馬力や、それがどれぐらい人を乗せることができるかという商品の機能やスペックのことは普段からなじみがあるのですが、その商品の先にあるお客様がどんな課題を抱え、それがどのような構造になっているかということは、なかなか伝わりづらいだろうと考え、文字やデータではなく絵にしてみたのです。

これはその時の絵ですが、私たちが取り組んでいる、まさに物流の課題というものを1枚の絵で表現しています。

何を描いてあるかというと、実は物流と一言で言っても多様なかたちがあり、例えば生鮮食品を運ぶ物流、自動車を

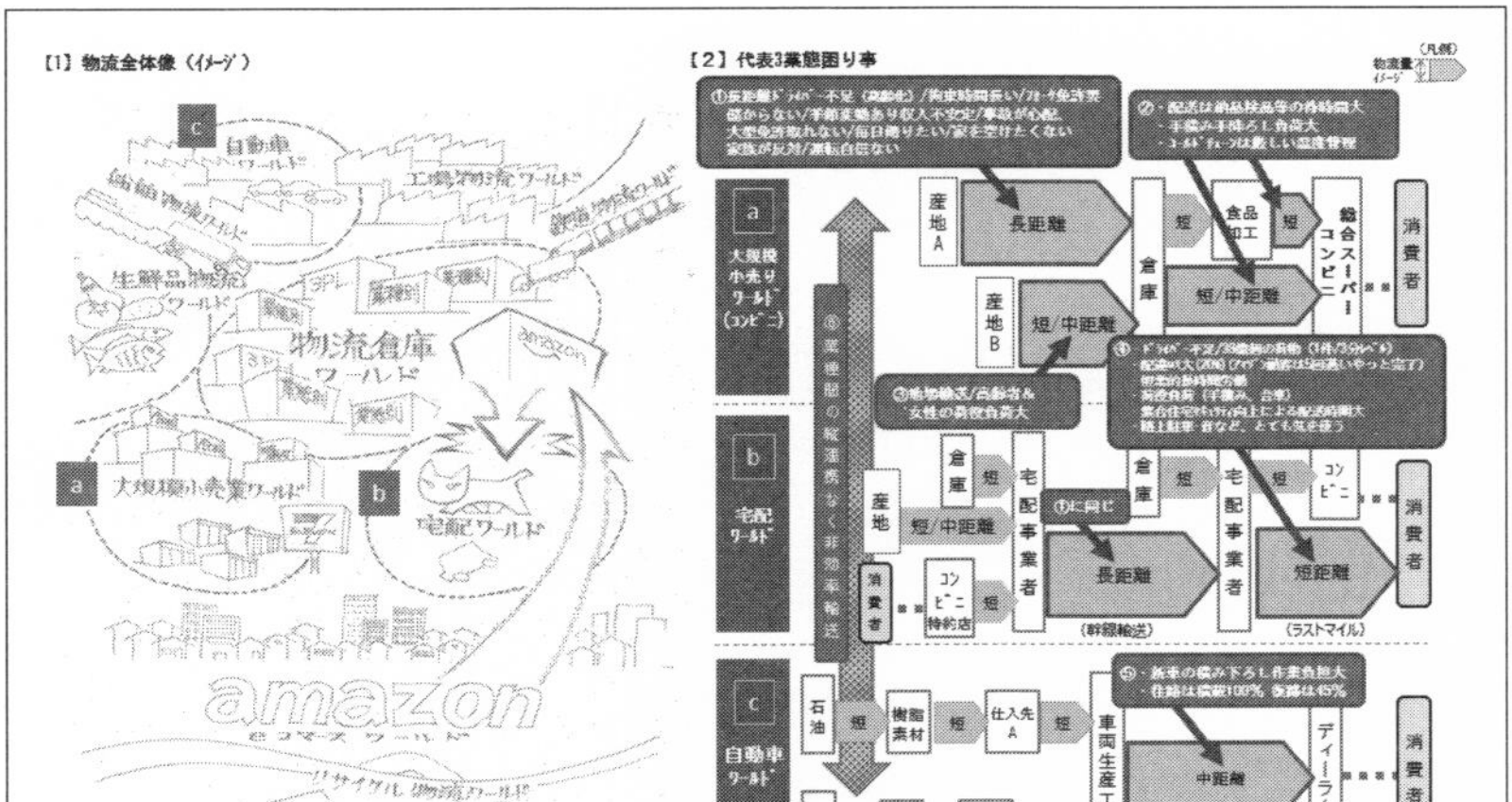

運ぶ物流、小売用の色々な商品を運ぶ物流があり、その後は倉庫があったり、様々な工場の物流があったり、宅配があったりと、色々な様があります。この表現で伝えたいメッセージは、「みんな各々バラバラな物流」であるということです。生鮮食品を運んでいる方々、食品を運んでいる方々は食品を運ぶということだけをやっているです。自動車の方々は、自動車の部品の場合は、その製品を運ぶということだけをやっています。実は物流は非常に縦割りで、それぞれの方々がそれぞれのところを専門的にやっています。一言で言えば、それが今の物流です。

例えば、コンビニ、宅配、自動車はそれぞれやっています。しかし横の連携がありません。例えばスーパーやコンビニ向けの商品を作るときに、原材料が産地から入って、長距離輸送され、倉庫に入って、それが加工されて商品になって店頭に並びます。ただ、このときに、例えば運んでいるトラックは、スーパーの商品を置いた帰りに空で帰る。もったいないからといって帰りは自動車の部品を運ぶかというような横連携がありません。宅配も一緒です。宅配便を皆さんに届けました。しかしその帰りに空で帰るともったいないのです。そのときは他の荷物は運べばよいのではないかと思うのですが、横連携されていないのです。この状態が、実は物流における非常に深刻な課題なのです。

その結果として「人が足りない」となってしまっている。バラバラ、個別に物流をやっているのは非常にもったいないのです。そこにAmazonさんなどの「Eコマース」が入ってきたのです。皆さんが気軽にスマートフォンなりでポチっとすると、明日商品が届くと便利ですよね。でも、皆さんは便利ですが、それを運んでくる人がそれぞれ運んでいて、人手が足りないといっているところに、Eコマースが黒船のように入ってきた。結果、荷物を運ぶ人が足りない今の状況がさらに悪化するのです。こういう状況にもかかわらず、日本の中ではそれぞれが運ぶという非常にもったいないことが起きている。これはやはり何とかしなきゃいけませんねということをこの1枚の絵で表したのです。

2．三つの社会的課題への取組み

私の会社についてご紹介します。２０１８年6月に設立された会社、特徴的なのが、実は株主が20社います。もともと私が日野自動車の出身ですから、この日野自動車も株主ですが、それだけではなくて、アサヒビールをはじめとしたアサヒグループジャパン、江崎グリコ、あとは日清食品ホールディングス、ニチレイ、ブリヂストン、あとは日本製紙といった荷主企業に株主として入って、出資してもらっています。それとキユーソー、ギオン、鴻池、鈴与、澁澤倉庫というのは物流事業者です。さらにはトランコムという物流のマッチングをやっている物流情報サービスの会社があったり、三菱ＨＣキャピタルというリースの会社、銀行といった金融の会社もあります。こういった様々な立場の方々が一緒に社会課題解決の取組みをしようということで集まり、出資もしていただいているというところが、非常にユニークな会社です。

社会課題解決に取り組んでいる会社、ということですが、どんな社会課題かというと、三つあります。「ドライバーの不足」、「カーボンニュートラル」、そして「ホワイト物流」という三つの課題です。この三つの課題を解決するために、自動車メーカーのフィールドにおける新しいテクノロジーを使って、社会課題を解決しようというアプローチです。具体的に言うと、ＣＡＳＥと呼ばれる、「Connected」「Autonomous」「Shared」「Electric」です。情報技術を活用しつながるクルマ、自動運転、それとシェアリングエコノミー・サービス。そしてELECTRICという電動化。こういった技術を使って、この三つの社会課題を解決しようというと取組みを始めました。

現在、行っているのは、物流の社会課題解決の中でも根本的な携わる人を、そしてCO_2をどう減らしていくのかという取組みです。例えばトラックの「荷室の中」をもっと見えるようにして、それぞれ運んで、空で運んでいるもったいないというところを情報でわかるようにして、そこを積み合わせして、積載率を上げて生産性を上げよう。また1人のトラックドライバーでたくさん運ぶことができれば、ドライバー不足も解消できるでしょうし、究極的には自動運転の技術がドライバー不足を解消するでしょう。しかしながら、こうした技術はまだ開発の途上で、明日からすぐ実装できるわけではありません。

そうした中でまず私たちが行っているのが、ダブル連結トラックという2台のトラックを連結した車で運ぶことで少ない人員で多く運ぶという試みです。将来的には自動運転になるというアプローチになります。「シェアする」という意味では、先ほどお話したような情報共有・管理により、空いているところがあるのであれば、それを清涼飲料や即席麺、お菓子を一緒に積み上げて運べば、もっと効率よくなるという共同輸送を目指す。そしてそのトラックを電動化していけば、カーボンニュートラルCO_2も減る。これを「やってみよう」というのが私たちの会社です。

実際のダブル連結車は全長25メートル、小学校のプールの長さと同じぐらいと思ってください。そこに様々な荷物を混載します。今、このダブル連結トラックを9台走らせて混載をすることで、社会課題の解決を実際に取り組んでいます。

私たちは、実際に「やってみよう」というコンセプトを大事にしています。「こういうことをやれば社会課題解決できるだろう、それでは実証実験をやってみよう」と普通は考えがちなんですけれども、実証実験ではなく、荷主・物流事業者が毎日、本気で使っていただくなかで本当に効率化できるかという部分です。ここに非常にこだわりました。皆さんから運賃をいただく中で、実際にやってみるのです。ある意味壮大な社会実験とも言えます。

３．深刻なトラックドライバー不足

ドライバー不足、特に２０２４年問題を皆さんも耳にすることが多くなってきたかと思います。ところが、私自身もともと自動車メーカーにいた人間からしても、実はどういうものか、なかなか真のところがわかっていない面があります。しかし、実際には非常に深刻な問題です。このトラック輸送が滞ると例えば製造した商品が顧客の手に届かない。また、生産に必要な部品が届かなくなることが起こります。部品が届かなければ自動車メーカーは車を作れませんし、食品メーカーが作った即席麺が皆さんの手に届かないことになります。

具体的に言いますと、ドライバーが不足することで日本の輸送力が足りなくなるのです。２０２４年問題はドライバーの労働時間が規制されることによって、今まで、例えば12時間働いていた方が10時間まで、などのように今までのように働けなくなり、トラック輸送に必要なドライバーの総労働量が足りず、運びたい量に対して輸送力不足が起きます。皆さんが物を買うときに届いている物の一部が店に届かなくなる。それと、そもそもその物を作る工場に、例えば部品が届かない、原材料が届かなくなることで、日本の経済が滞ります。

それでは、人を増やせばいいじゃないかといっても、増やせない事情があります。職業別の求人倍率の中で見れば、実際に自動車運転に従事する方の求人倍率が非常に高い水準にあることがわかります。２０１９年11月で３・39という数値です。そもそもこの２０１９年、ここが正常な状態だとしたら、多分これからさらに求人倍率が上がっていきます。３・39がどういうことかというと、求人１人当たり、要は１人採りたいよと言ったときに、３件に２件はとれないんですよ。ですから、ドライバー３人必要といっても１人しか採用できないのです。

さらに深刻なことは、ドライバー、特に大型トラックの平均年齢で実は51歳です。これが平均です。平均ということはこれより高い方、例えば70代のトラックドライバーがたくさんのです。こういう状況で未来は描けないですよね。トラックドライバーのなり手がいなくて、今いる方も高齢であるということは今後はどんどん減っていくしかありません。なぜ減っていくかというと一つの大きな理由が、賃金が安いこ

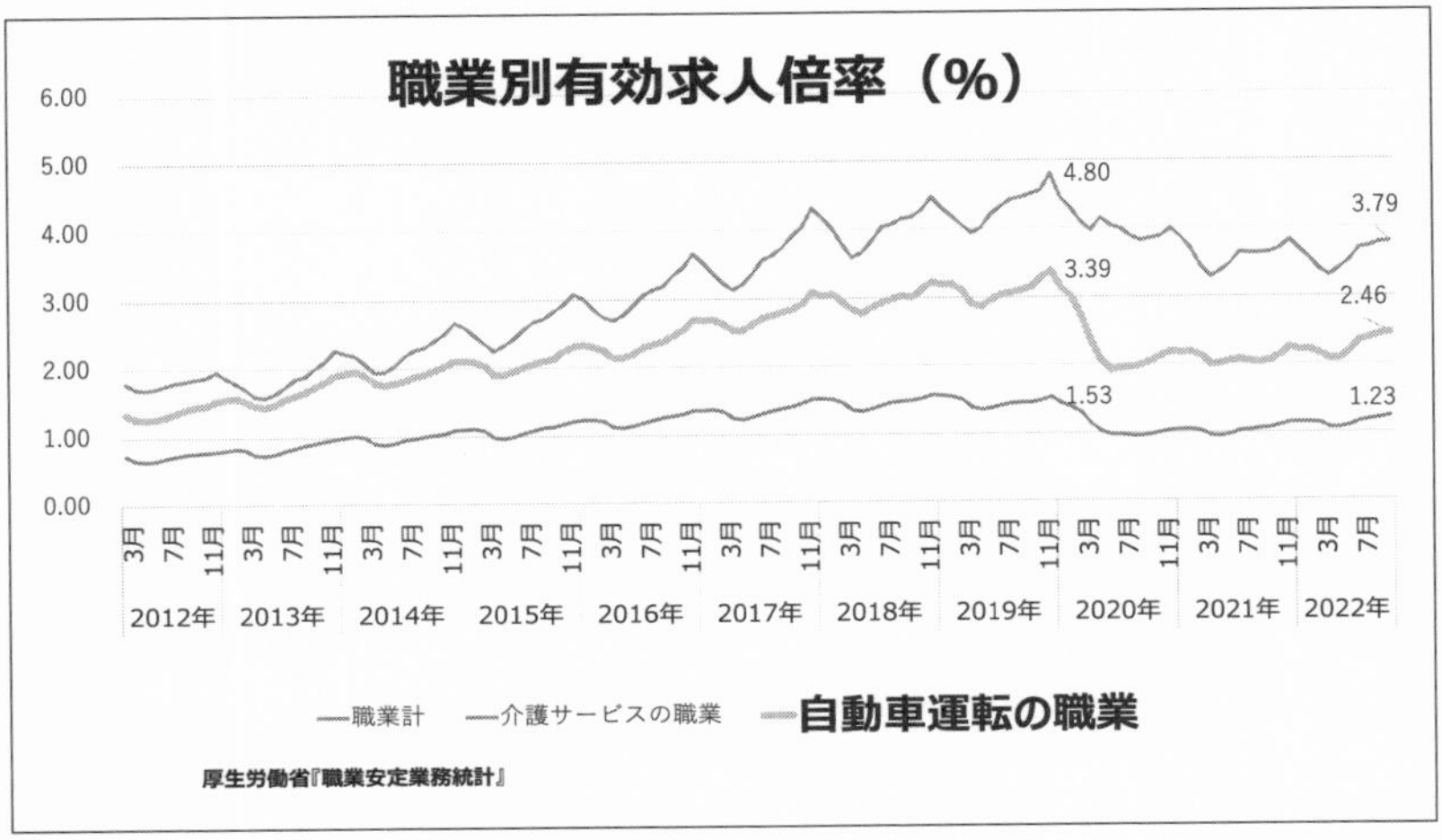

厚生労働省『職業安定業務統計』

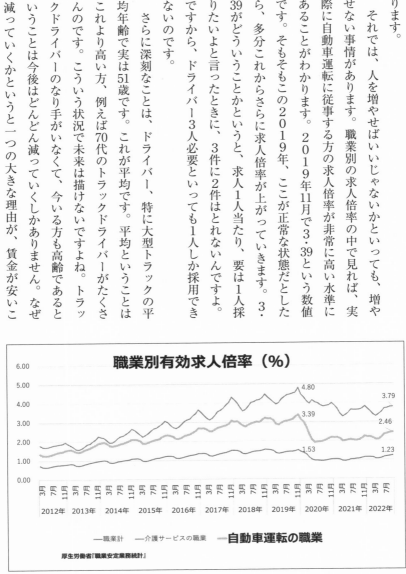

と。平均のトラックドライバーの賃金水準は４６３万円です。男性の全ての労働者の平均５４６万円に対して84万円ぐらい低いです。昔はトラックドライバーというのは稼げたというイメージがありましたが、今は稼げない職業になっています。それがまた２０２４年労働時間が規制され、さらに稼げない職業になってしまいます。

そしてもう一つ深刻な課題がトラックドライバーの労働時間が一般に比べて長いこと。皆さん自分自身にこのことを置きかえてみてください。何かアルバイトをしようとしたして、その仕事が労働はとても長いのに全然稼げない、誰がそんな仕事を好んでしますか？　これがトラックドライバーの実態です。そのため、若い方がほとんど入ってこない状況がおきており、そして将来にわたって改善するということは非常に絶望的だと考えています。そこで何とかしたいという私どもとしては、このトラックドライバーの賃金・労働環境を改善したい。そのためには、なによりもトラック輸送の「生産性」を上げるべきであると考えています。

4．〝コンサイ〟で労働時間の改善を

２０２４年の4月から改善基準告知により、トラックドライバーの労働時間に関する規定が改定、実施されます。一般の会社員は年間を通しての残業時間の規制があります。労働時間に関して労使間の協定いわゆる36協定があり、労働者はこうしたルールによりしっかりと守られているのです。労働時間のうち、年間の残業時間でいうと７２０時間というのが上限で「ここを守ってください。ここをもし超えるんだとしたら、

ちゃんと労使協議などをしてちゃんと合意の上でそこを超えてください」という非常に厳しい法律上のルールがあります。

しかし、トラックドライバーに関しては、これまでこの規制が適用されてこなかったのです。それでも、近年の「働き方改革」という潮流の中で、トラックドライバーの残業時間もきちんと上限を決めようということになりました。けれども、もしトラックドライバーの年間残業時間を一般の会社員同様に年720時間にしてしまうと日本の物流は成り立ちません。

そこで妥協点としたのが、年960時間におさめようというものです。ただ年960時間、月でいうと80時間というのは実は「過労死」がおきてもおかしくないとされる残業時間のレベルです。そこまでは何とか規制しようというのが2024年。したがって、2024年問題は始まりなのです。ここから後は、もっとまともな状態にしようという話が必ず来ます。ですから、今でも足りない。さらに2024年以降にも足りなくなるのですが、その後がきます。そして、ドライバーの高齢化が進んでいくと、やはりここに将来がないと本当に思います。少し暗い話をしましたが、こうした深刻な状況はぜひ皆さんに知っていただきたいです。

皆さんの生活にどんな影響があるかを考えたときに、先ほど話しした宅配便が来なくなるという事態が挙げられます。最近ヤマト運輸は一部翌日配達をやめました。また少し前では再配達の問題を改善しようと。既にこうした動きは始まっているのです。「物流クライシス」と何年か前に言われました。皆さんが想像するのは、皆さんがポチッたものが宅配便で来なくなるということだと思います。実は問題の本質はそこじゃないのです。日本の物流の市場規模を金額に直すと28兆円と言われ、その中で陸上物流は14兆円、その9割以上をトラックが担っています。

そんな中で今お話した宅配便の市場規模は2・5兆円しかありません。14兆円の中で宅配便はたった2・5兆円です。では、残りの11兆円以上は何かというと企業物流-BtoBです。企業物流とは、先ほど話した自動車メーカーが車を作るために部品を運ぶとか、食品メーカーが即席麺を作るのに原材料を仕入れ、そして出来た製品を運ぶという企業の物流が非常に多くを占めるのです。物が運べなくなる影響というのはここに来るのです。日本の生産・流通のサプライチェーンが成り立たなくなる、という非常に大きな問題なのです。そういう意味での日本のものづくり、ひいては日本の経済の根幹が崩れてしまうような危機が目の前に迫っています。

これを改善するためには、この企業物流の多くを担うトラック輸送の生産性を上げるしかありません。私たちが目指しているのは、「より少ない人とトラックでたくさん物を運ぶ。」こと。これを目指して、今行っているのは、このダブル連結トラックによる混載です。1人で2台分を運ぶ、そのトラックの中を皆で使うことで、生産性を徹底的に上げることとです。混載は、「混ぜる、積む」と書くけれども、混ぜるというのが非常にネガティブなイメージがあるので、最近私はカタカナで「コンサイ」と書いています。ダブル連結トラックを使った異業種の企業物流の「コンサイ」です。私たちがやっているコンサイは三つあります。

一つ目は、トラックの荷室の前に即席麺、後ろにビールなどの飲料と醤油とおむつを一緒に積むというコンサイがあります。二つ目は、私たちはこの連結のトラックにトラック＋トレーラーの2両編成でするので、前と後で、前は紙製品で、後ろは冷凍食品とか、1人のトラックドライバーで、紙と冷凍食品を一緒に運ぶというコンサイもあります。前は飲料で、後ろは洗剤などの日雑品というケースもあります。それともう一つのコンサイとして、行きと帰りで別々の荷物を積むこれもコンサイです。

企業物流というのは、基本的にはONEWAY（一方通行）なのです。例えば、部品メーカーが自動車メーカーの工場に部品を持ってきたとしても、その工場から同じだけの荷物が、部品メーカーに戻るわけではありません。即席麺を工場から出荷して食品卸の倉庫まで　運びますが、その倉庫から同じだけの荷物が工場に帰るわけがありません。基本的に企業物流はONEWAYなのです。これがもったいないのです。こういう意味で、一つの箱を一緒に使いましょう。そして行きと帰りをみんなで一緒に使いましょう、というのがこのコンサイのコンセプトです。それを私たち自動車メーカーの人間でやってみようということで、この異業種の企業物流のコンサイという取組みを２０１９年の12月から始めました。関東と関西に二つ拠点をつくり、そこに色々なメーカーが持ち込んだ荷物を、コンサイして積載効率を上げて運ぶということを始めたわけです。

ところが２０１９年12月から始めた、その翌月からコロナ禍のパンデミックが始まりました。外出ができない中で、新規事業をやらなければいけなくなりました。タイミングとしては最悪でしたね。

この企業物流のコンサイですが、まず日本の中でも物流の大動脈である関東-関西間、距離にして約５００キロありますが人手不足の深刻度合を考え、まずここをやろう、と。そしてその両端にクロスドックと呼ぶ集約拠点を設け、積み合わせをして運ぶ。真ん中の中部に営業所を設け、ここでドライバーをチェンジします。ドライバーは日帰り運行を乗り継いで長距離輸送をリレー方式で行うわけです。長時間労働が人手不足の要因の一つだと思いますので、こういうリレーによる日帰り運行での長距離輸送というのをやってみよう。この輸送そのものは、私たちは素人ですから、パートナーの物流事業者さんにも中に入って頂いて、一緒に始めました。

このように飲料、即席麺、自動車部品などを一つの密室の中に詰合わせて、鉄道のようにダイヤグラムを組んで、東海道新幹線のように定時運行で運びます。朝、相模原のセンターを出たトラックが昼に中部でドライバーをチェンジにして夕方に西宮に着いて、ここからまた別の荷物を積んでまた戻る、トラックの稼働率を１００％に近づける。そしてこの積載率を徹底的に上げていくことで生産性を徹底的に上げようという試みです。

世の中では一般的にトラックの稼働率はあまり高くありません。例えば、ある路線便事業者は荷物を関東から関西まで夜に運びます。昼はそのトラックは稼働していません。そしてまた夜に走るのです。トラックは昼間に荷待ち、荷物を積み込むまでの時間などを考えると稼働率が上がらない。統計値でも約５割ぐらいです。

このように非常にもったいない状況に対して、まず私たちは稼働率を徹底的に上げていきます。さらに積載率を上げることで、コンサイの率を徹底的に上げていく。これは先ほどご紹介した多くの荷主の方々にご協力いただき実践しています。実はこれまでこの方々はそれぞれ個別に運んでいたんです。皆さんそれぞれ非常にご努力され、物流効率の向上に取り組まれていたが、やはりそれぞれで運ぶのは限界がある、そこで一緒に運ぼうということなのです。

最近でちょっと面白いのが、例えばホームセンターさんといった小売りの会社に仲間に加わって頂いたり、製缶会社、これは飲料を入れる前の缶ですから、原材料としての空き缶を包んだり、また某コーヒーチェーンといった外食まで、本当に業種・業態を超えた様々なものを組み合わせ、積載率を上げています。

この積載率に関しては、トラックの中に様々なセンサーを付けて計測しています。実際にトラックにどれだけ物が積まれているのかをデジタルにわかるようにし、例えば飲料と食品の積合わせで空間を68％、重量を63％という、この両方合わせて私たちは「複合積載率」と呼んでいますがこの容積と重量の両方を「使い切る」のです。例えば容積が50・3％、重量95・8％の場合、複合積載率が73％です。いかに効率を上げて走るか、にこだわって取組みを進めています。

トラックは物を運ぶ道具ですが、そのトラックが今何トン積んでいるか、自分の荷台の中の何割使っているかをデジタルにわかる術が実はありません。ですので、世の中の物流業者や荷主も、自分の荷物を運ぶトラックがどれぐらいの効率で走っているかということを今まで知らなかったです。知らなければ、課題にも思いませんし、改善し効率をあげて走ろうというモチベーションにもつながりません。私たちは現状を把握して一つ一つ地道な作業を行いながら、積載効率を上げるための活動をしています。

5．ONEWAY等の非効率化要因

現在、複合の積載率について私たちの平均値が63％。最大値では89％という非常に高い数値を上げています。もしかしたら、63％は大して高くない、もっと高いんじゃないの、と思われるかもしれませんが、世の中全体の平均値は国土交通省の統計値で39％、これはちょっと古いので、今38％を切っています。ロードファクター38％というのは、トラックの中に積まれている荷物が38％しかないということです。逆に言えば6割超が空気を運んでいるのです。なかなかこういう認識はなかったと思います。街の中で見るトラックの

６割が空気を運んでいると言ったらどう思いますか？　もったいないなと思いますよね。でも、皆さんもわからないけれども、実は物流業者も荷主もわからなかったのです。

わからなければどうやって効率を上げようかというようなことにもなりません。まずは問題の見える化が大きな課題だと思います。それでも、今お話ししたような統計値38％、６割は空気を運んでいるというお話を、物流業者であったり、荷主にすると、「そうだねそれは深刻だよね。でも、うちは違うんだよね」と皆さんそう言います。これもまた深刻さの一つで、世の中は効率も悪いかもしれない。しかしうちは効率がいいと思っている方がたくさんいます。私たちも今40社以上の荷主とつき合っていますが、皆さんとお話しすると、あれは統計値でそういうふうに言っているけれども、実際には本当に効率がいいんだよと皆さん信じていらっしゃいます。これに対しに一つ、エビデンスを提示します。

実は今、最新型のトラックには位置や走行状況をはじめとした色々なデータが通信で把握できるようになっており、今日本全国で走っているトラックの重量がどれぐらいかということを、実は把握することができるんです。日野自動車のトラックの日本全国で走っている車両の数値、この重量＝車両総重量から車両重量を引いていくと、重量だけですが積載率がわかるのです。この数値の平均が47％。やはり６割が空気を運んでいます。これが実態ですね。こういうことを皆さん知りません。この非効率を認識しなければ、効率を上げていこうということにはなりません。ドライバーが足りないと言いながら、４割しか荷物が積まれていないという現状です。

こういうグラフだけ見せてもよくわからないので、例えば荷主の運んでいるものがどんな感じかというのを模式図で表してみます。例えばある荷主が５台の大型トラックを毎日関東から関西まで往復走らせていたとします。実は5便走っていたとしても、朝の便は8割で満載に近いですけれども、昼ぐらいに半分になって、夕方の便は3割しかない。さらには、先ほど申し上げた通り基本的に企業物流はONEWAYです。行った先に同じだけの荷物がないということは、他の荷物を積んで帰ってこなきゃいけないんですけれども、やはり帰りの荷物はなくて0％で帰ってくる便もある。これを全部足して平均すると47％になります。日本のトラック輸送に携わる方々にはこの認識がありません。それで人が足りないと言っています。その非効率を認識しないと改善につながっていかないのです。

もう一つの物流の非効率を生んでいるのが変動です。パートナーであるとある飲料ビーメーカーは出荷のピークは夏場です。対して閑散期には出荷量が少なくなります。飲料ではこの繁閑差が3倍ぐらいあります。トラックの台数は3倍変動させるわけにはいかないため夏場のピークに合わせて輸送力を持ってしまうと、閑散期には輸送力が余ります。これも非効率につながっていきます。きっと物流業者がうまくやってくれているんだろうなと荷主は思っていますが、うまくで

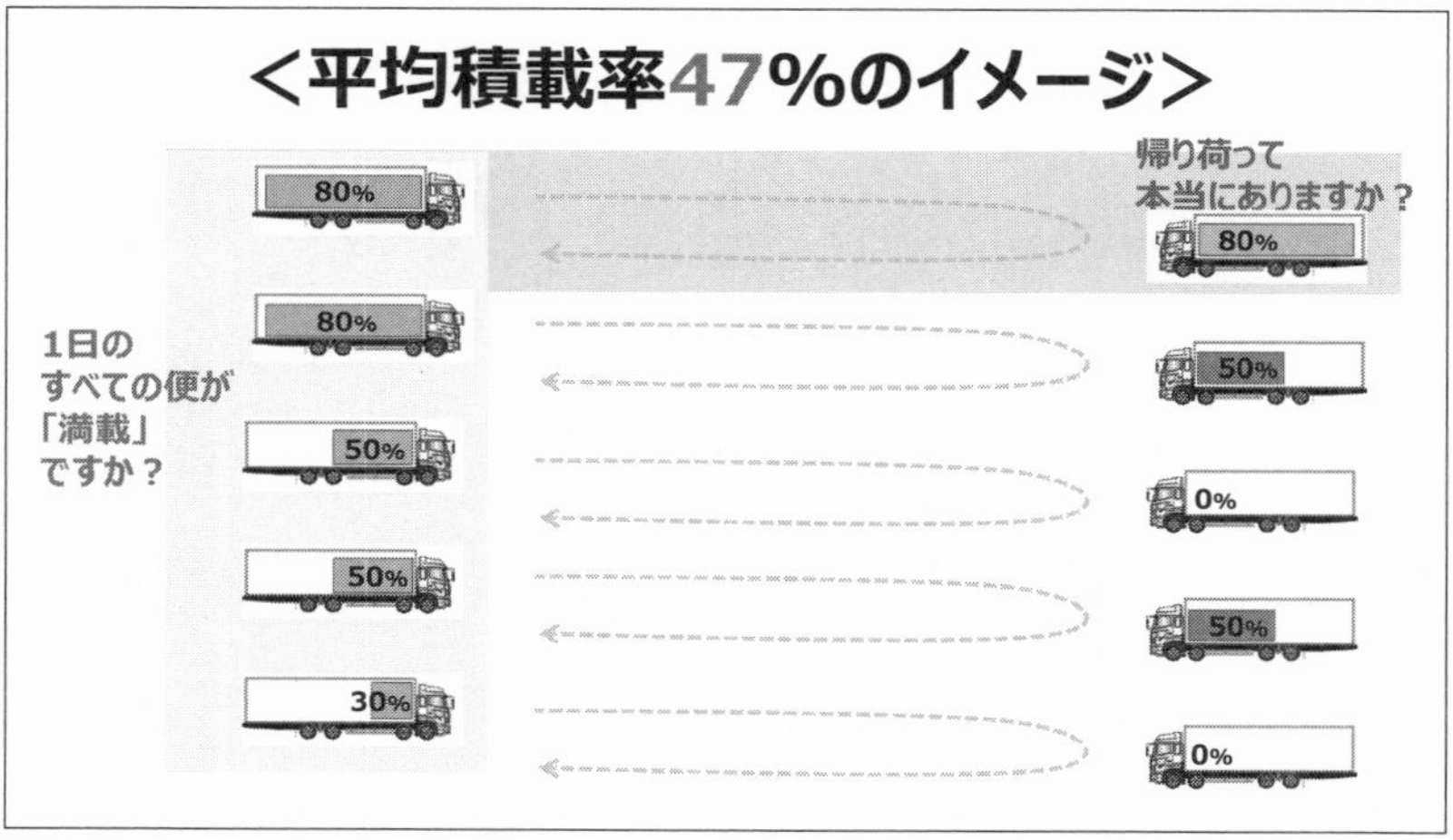

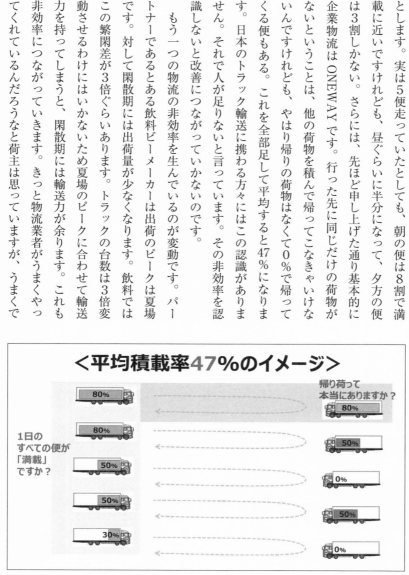

きていないから47％なんです。それを自分たちだけで個別に運ぶのには限界があります。この非効率をちゃんと見えるようにして、一緒に運ぼうというのが私たちの取組みです。

6．〝コンサイ〟の障壁

とはいえ、こういう業種業態を超えた荷をコンサイしますと一言でいっても、実践するのはとても大変です。食品、酒類、樹脂部品、自動車用品、清涼飲料、ロール紙、化粧品といったものを一緒の空間に詰合わせて運ぶことは実は非常な難しさがあります。例えば洗剤は非常に匂いが強い。シャンプー、最近であれば柔軟剤なども芳香剤付きのものがありますが、それと食品を一緒に運ぶと匂いがつくのではないか。また、自動車部品のような非常に油の多いものと化粧品は一緒に運べるのか？　という問題です。簡単にコンサイと言うんですけれども、実際にやってみようとすると、これとこれは組み合わせないでくれ、という要望が出たり、また、この商品に関しては明日の朝8時に届けて欲しいんだけれども、この樹脂部分は夕方でいいよ、といったリードタイムも違います。

そして、注目して頂きたいのが、荷物を積んでいるパレット。色々な種類があります。今、Ｔ11型に統一しようという動きがありますが、現実は色々な寸法のものが入ってきます。主流としては3種類、飲料が使っているビールパレット９００㎜×１１００㎜。Ｔ-11と呼ばれる１１００㎜×１１００㎜。そして自動車部品などに使われている１０００㎜×１２００㎜。この3種類は非常に多い。それ以外にも独特なパレットを作って皆さん運んでいます。これを組み合わせるパズルです。寸法を考え、例えば下のパレットは

900㎜だけれども、上は1100㎜のときには下が3列で上が2列といったように、うまくやらないとちゃんと積めません。また、匂いが強いものを一緒に運べないなど制約もありますし、例えば同じお菓子であっても、異なるメーカーの輸送品質基準が全然ばらばらです。こういったものを一緒に運ぶことについて、私たちは全部データを取り、これは一緒にしても大丈夫ですということを、一つ一つ、時には荷主の品質管理の担当者も巻き込んで、壁を乗り越えることでノウハウとして積み上げてまいりました。逆にいうと、こういうことがうまくできないとコンサイはできないのです。

寸法、重量、強度などの要件の異なる多くの種類の貨物を、1台のトラックの荷室に組み合わせるわけですが、トラックに求められるのはより汎用的で「大きいな箱であること」です。私たちはもともと自動車のメーカーのメンバーもいますので、車も改良していこうと。この中の一つの取組みですが、2台連結したトラックの天井を高くしよう。例えば下に飲料を積んで、上に菓子を積もうとすると、実は荷室の高さが足りないのです。それで従来トラックは全高3・8mという規制があったのですが、30㎝上げて4・1mにして運べるようしようと。こういうトラックをつくれば効率が上がって日本の生産性が上がりますよ、と国土交通省にお願いをして、法律を変えていただきました。完成したのが、この高さ4・1mのダブル連結トラックです。荷積容積としては150㎥で、大型トラック1台分が60㎥ですので、2・5台分を1人のトラックドライバーも運べる。こんなスーパー車両も製作し走らせることが出来ました。

7．最適解を40秒で導き出す「NeLOSS」システム

そして、一番大事なのは「組み合わせ」です。荷姿もリードタイムも、行き先も違う荷をどのように組み合わせ、最大効率を狙うのか、人間が考えるのでは限界があります。そこで私たちが作ったシステム「NeLOSS（ネロス）」です。これは自動でトラックの中に荷を積付・割付を行う世界初のシステムです。

荷姿・寸法は皆バラバラ、重量も全部違います。匂いのするものもあったり、例えば木製パレットは食品メーカーがすごく嫌うので、一緒に組み合わせないでくれですとか、タイヤなどとは一緒に運ばないでくれといった組み合わせの忌避や、いつまでに届けなきゃいけないという時間であったり、それを組み合わせる車両の寸法であったりという要素を組合せた順列組み合わせを作ります。

これらの要件が変数になり、変数が約20以上あります。そうすると、組み合わせは数十万通りになります。それで数十万通りの中から積載効率の高いベストなものを選んでいこうとすると、普通のコンピューターで解く場合には1万時間ぐらいかかります。なぜか人間はうまく適当にやれるが、それでもだいたい2～3時間ぐらいかけて、組み合わせの考察を私たちはやってました。ただ、本当にベストなものを作れているかというと、そうでもないので、それを解くようなことができるものが量子コンピューターです。カナダにある量子コンピューターにデータを送り、一瞬で解くということに成功しました。

荷主からのオーダー…例えば飲料メーカーの炭酸飲料を何ケースですとか、洗剤メーカーの柔軟剤を何パレットとか、食品メーカーの即席麺は何パレットとか、オーダーを入れていきます。今、データを入れて、操作としては右にあるボタンを1カ所押しただけです。40秒で計算できます。古典的なコンピューターが0

と1の組み合わせの計算であるのに対して、量子ビットの中にこの0と1の両方の性質を持たせることによっての組み合わせ計算を、複数回でも1回でもできるというもので、様々な組み合わせ計算にとっては、非常に力のあるコンピューターだ思います。私たちの幹線便、相模原1便、2便、3便、西宮1便というそれぞれの便に何%の積載率になって、それでトラックの中にはどんなふうに積まれるかということが、計算で出てきます。そして、各部分にそれぞれの性質に合わせての組み合わせもできるようになります。

こういうシステムがないと、実はコンサイというのはなかなか難しいのです。そこで、最適な組み合わせを瞬時に解くような量子コンピューターのシステム「NeLOSS（ネロス）」を昨年秋から実装し毎日の業務に利用しています。量子コンピューターを実証的に使うことは日本でも増えてきていますが、実用で使っている例は珍しいと思います。

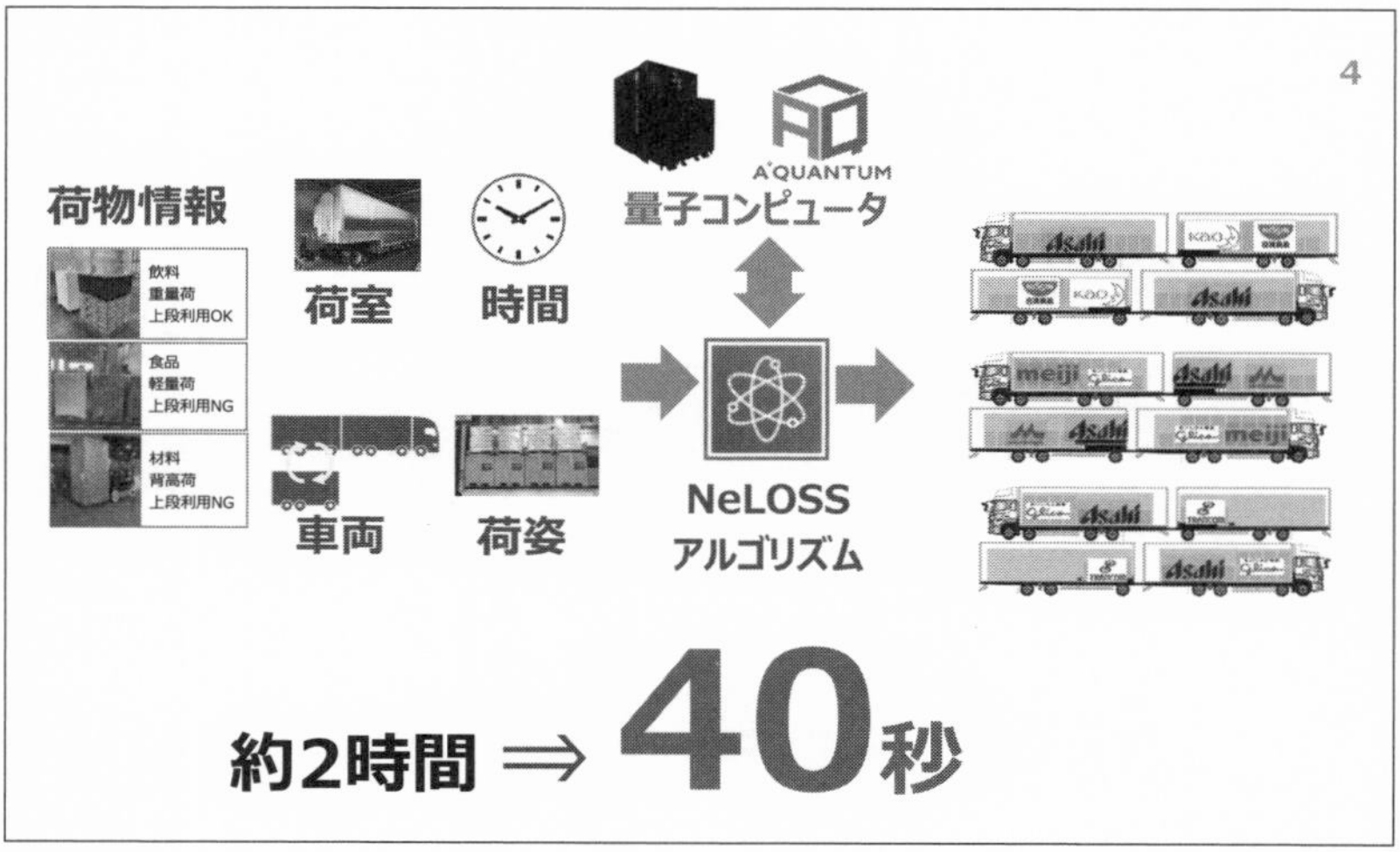

8．変動を予測する

そしてもう一つ、企業物流の問題が「変動」です。荷物がいつ、どれだけ出荷され運ばないといけないか。この荷主の荷物はどういう風に荷量がはねるのかが全然わからなければ、構える物流事業者も大変です。そうした中で、今までの取り扱いを通して私たちには20万パレット以上のデータが蓄積され、これを見ていくとあることに気がつきます。例えば、ビールメーカーは、この曜日のこの時間帯にこの荷物を運んでいるとか、洗剤メーカーはこの時間に運んでいるな、自動車メーカーはいつもこの時間帯にこっちからここまで何を運んでいるな、という傾向が見えてきます。そこから考えて予測するという仕組みの構築に取り組んでいます。

私たちは保有する車両の台数をベースに次の週１週間分を荷の積み方、配車を前の週に予測し、あらかじめ作っています。実際に、例えば火曜日には、荷量としては今9台の車両を保有していますが、7台分しか荷物がないとなったら、運行を絞って2台を運休させます。また連結トラックですので、荷物が少ないときには後ろを切り離して前だけで走る。変動に構えることで無駄なトラックを走らせないのです。それを毎日予測した通り荷が出荷されたかのデータと照らし合わせ、予実（予定と実績）分析をします。

例えば、これはとある日の私たちの幹線便のデータですが、ここにAメーカーがあって、Bメーカーがあって、ここにCメーカーがあって、Dメーカーがあって、それぞれがある中で、指標として重量・容積複合で70％という積載率をまず毎日達成しようということで、ここに目標の線を引きます。時には非常に効率が悪いこともあります。これはどうしてこういうことになっているかというと、本来はここのトイレタリーメーカーの荷物の上にある食品メーカーが毎週来るはずなのですが、この週は出荷がなかったり、場合によっては急にキャンセルになって穴が空いてしまったので、このように積載率が凹むのです。この便は結果的に積載率は40％ぐらいになっていますね。それによって積載率全体の平均もすこし落ちて62％です。逆に言いますと、例えばある荷主が急にキャンセルすると、効率が悪くなるということも意識してもらいたい。そのためにこのデータは荷主にも共有し、意識してもらうということも併せて行っています。

先述の「NeLOSS（ネロス）」というシステムは、まず積付・割付機能から始めましたが、これをさらに、例えば北陸から九州まで持っていく場合に、どこからどこまでというルーティングや、それをドライバーで運ぶときにどこまでを中継して、ここでドライバーをチェンジして、といった中継の組み合わせとダイヤグラムまで、瞬時にできるようにしようというバージョンアップを考えています。そして、そのシステムを今、私たちは関東関西を走るために使っていますが、近い将来オープンにしようと考えています。これを日本

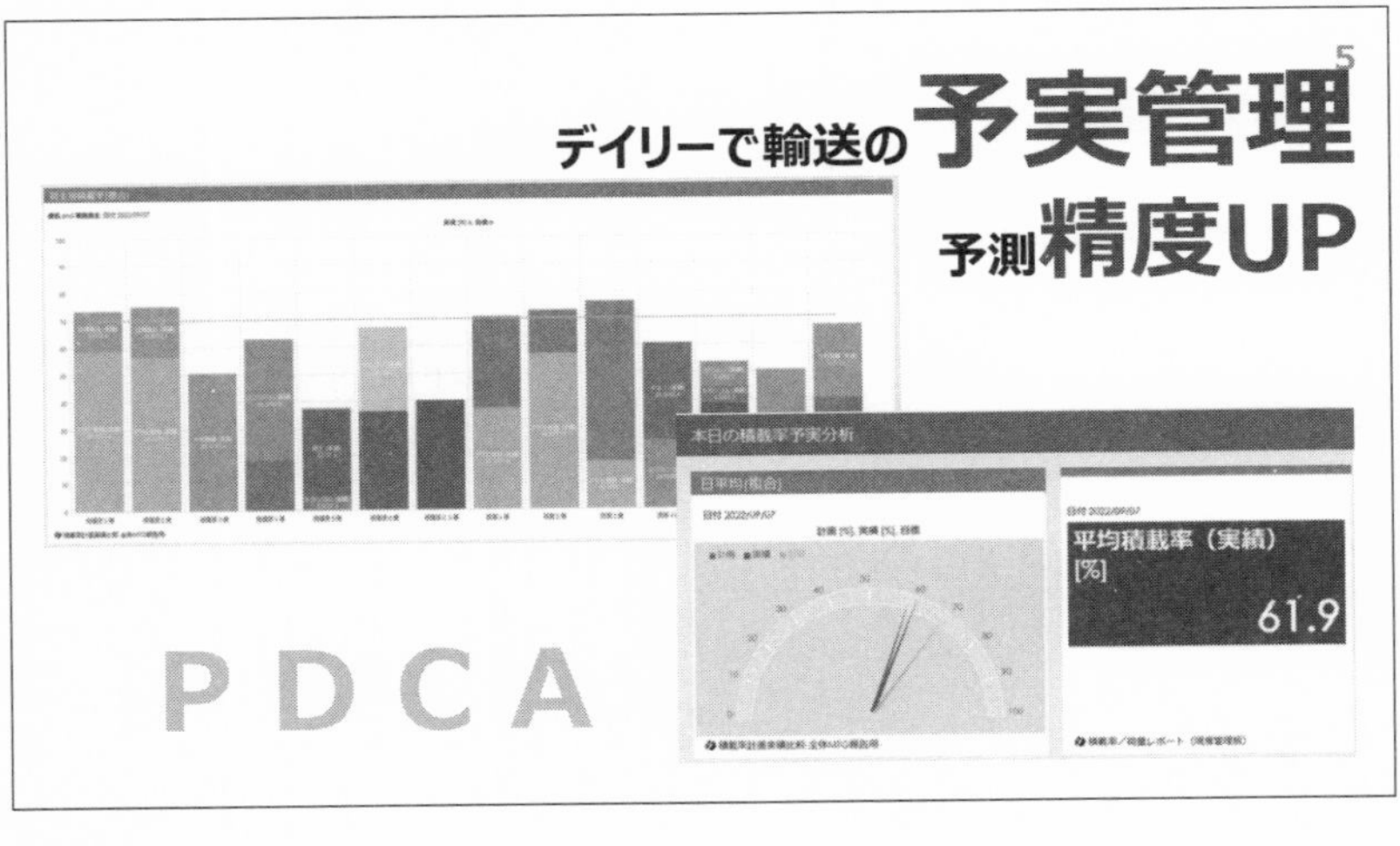

全国の色々な物流事業者、荷主に使っていただいて、例えば北海道でいくつかの事業者がこう組み合わせてコンサイをしたいといったら、このシステムを使ってくださいと提供できます。そういう中で幾つかの事業者で座組みを作って、それを皆でやっていこうといったときに、このシステムを使ってくださいと提供できるのです。

さらには、そういった連携の中で、実際にトラックにどれだけ積まれたか、どれだけ走ったかというデータもわかります。荷主毎に荷を組み合わせコンサイすることで、とれだけCO_2を減らせるかというサポートもできると思います。その減らしたCO_2をカーボンクレジットという形で資産化することも可能です。

また、クロスドックと呼ばれる集約拠点も、皆で使うので作っていきましょうと提案していくようなことも考えています。したがって、冒頭お話ししたとおり、ダブル連結トラックを使ってコンサイしますというお話をしましたが、この取組みは私たちの仕事の半分なのです。残りの半分はこういう情報を使っていかに効率的な組み合わせをつくるかというデジタルな仕事です。このシステムというのは、やはりこの半分の実業＝リアルの部分がないとできないです。こういう私たちの作ったシステムを私たちも含めた皆の運行の中で使ってもらって、この中で鍛えてさらにノウハウをこっちのシステムに盛り込んでいくというサイクルを繰り返しているというのが私たちのビジネスだと理解していただければと思います。

9．トラック&ドライバーのシェアリング

ここまでお話ししたのは、二つのシェアリングのうちの一つで、トラックの中にどうやって荷物を積み合

わせていくのかという話です。もう一つの「シェア」は、トラックとドライバーを複数の物流事業者でシェアしていこうというもので、「輸送シェアリング」という言い方をします。私たちが使っているダブル連結トラックですが、このNEXT Logistics JAPANというロゴの横に、パートナー物流事業者のロゴが入っています。この取組みでは、トラックを私たちが保有して走らせるのではなく、こうした物流事業者にリースで提供し、その事業者のドライバーと車両により一緒に運行を行うのです。

具体的に説明しますと、私たちは毎日、相模原から西宮という関東・関西間を走っているんですが、この図の上のトラックはユーネットトランスという自動車部品輸送をやっている会社が使っているダブル連結トラックです。このトラックは相模原から出発するのですが、ハンドルを握っているのは別の会社、ギオンのドライバーです。このギオンのドライバーは中部にある中継点で降りて、今度西宮からやってきた自社のトラックに乗り換えて帰ります。今度はこのトラックは、ユーネットトランスのドライバーがハンドルを握ります。西宮についたユーネット

のドライバーが今度はギオンのトラックに乗る、といったようにトラックとドライバーの組み合わせをフリーにしていこうということです。これによりトラックとドライバーを最大活用していく。このように「荷物」と「トラック」と「ドライバー」三つの要素をシェアすることで初めてこのトラック物流のシェアリングが完成すると考えています。

　私たちが行う「運び方」には三つのモードがあります。これまでお話ししたのが「ミックス」というモードです。これ以外にも、トラックが前後に切り離せる構造になっていますので、前側は前側でトラックとして走り、後側はトレーラーなので、そこにトラクターヘッドを付けて、前は前、後ろは後ろで持ってきたものをクロスドックでは前後の連結切り離しだけを行う。今度行った先では、それを切り離してそれぞれの企業が取りに行く、というようなこともできると考えています。つまり、東海道新幹線で大阪駅から東京駅まで来て、その車両が前後に切り離れて、前側が宇都宮まで行って、後側が小田原まで行って、またお客様を積んで帰ってきて、東京駅で連結して大阪駅に帰るようなものが「チェン

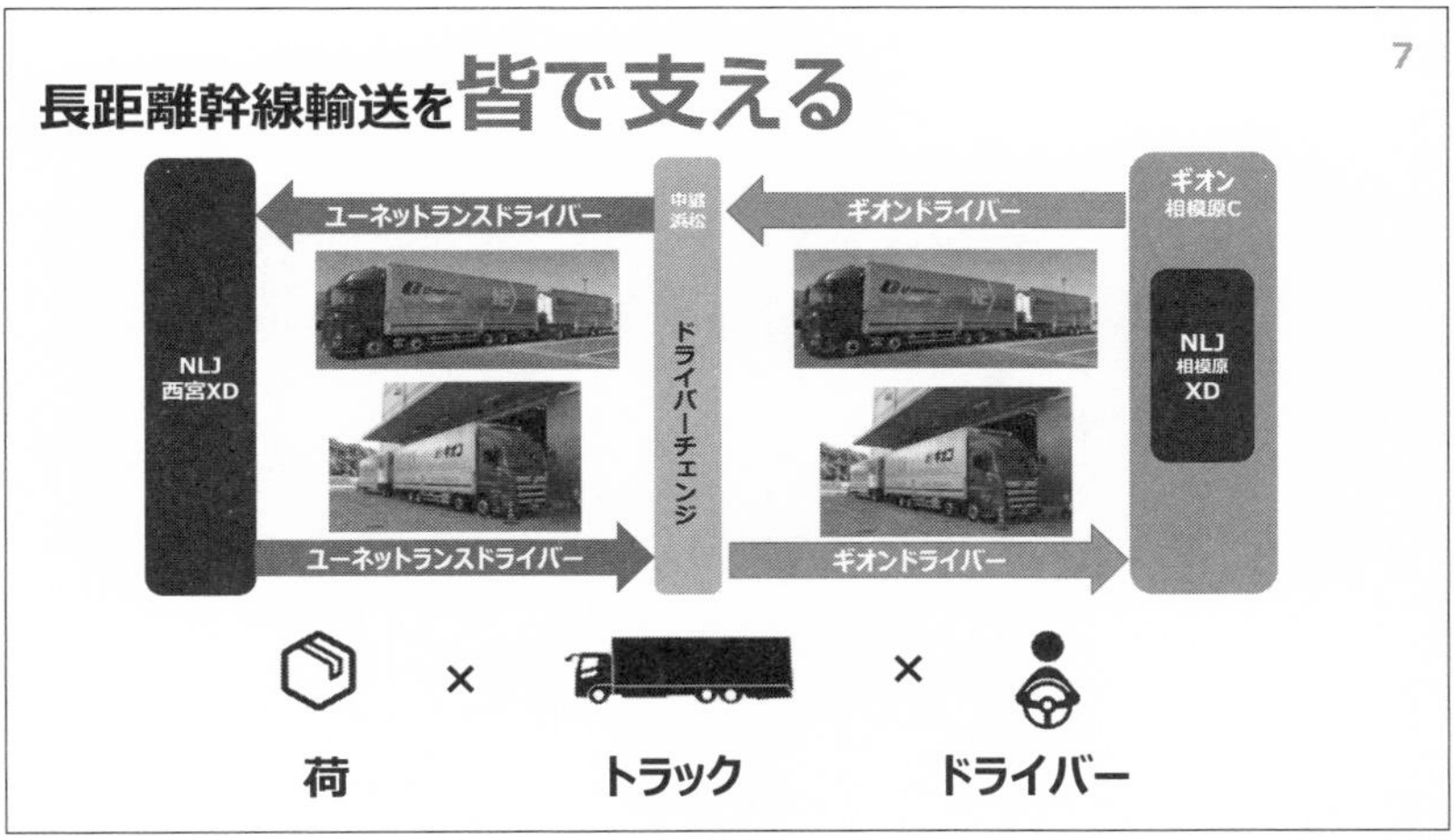

ジ」というモードです。こういう運び方になると、このクロスドックというポイントでは、連結切り離しだけを行えばいい。連結切り離しは前と後、連結切り離しだけで、実は場所さえあればどこでもできるんです。

そこで今、考えているのがクロスドックを使わないで、荷主様同士を直接繋いでしまおうというクロスドックレスモードで、すでにチャレンジを始めています。例えば関東側はビールメーカーだとして、その茨城の工場に車が入っていきますと、そこで今度、前と後を切り離して、前のトラックはその近くにある食品メーカーの関東工場で即席麺を積んでもらって、それを満載して戻ってくる間に、ビールメーカーでは飲料を後ろにトレーラーに積んでおく。その状態で接続をして一緒に走ります。わざわざクロスドックという集約拠点を設けなくても荷主同士をつないでおくことによって、効率よくトラックを走らせることができて前と後のコンサイができます。こういうオペレーションをしていくことで、日本全国どこでもこのダブル連結を使ったコンサイが可能になります。そこに追い風になるのがダブル連結のトラックの走行ルートに関する規制緩和です。この25m級のダブル連結トラックトラックはその走ることができるルートが限られていました。去年までは1本の路線だけでした。しかし昨年の11月から、例えば九州の先、四国、北陸東北、日本の中でもだいぶ距離が延びまして、走れるルートが倍増しました。昨年11月にもう一段緩和がありまして、北陸から関西、九州から関東といった具合に、多くの地域区間でダブル連結トラックを使って組み合わせが可能になってきています。こうした運び方で、より効果が上がってくると考えています。実は、昨年増えたこの19路線のうち14路線はNEXT Logistics JAPANが申請し拡げて頂いたもので、このように行政にもこの取組みにご共感いただき、結果としてネットワークも広がって、効率よく走れる地域が広がっている、ということも付け加えさせていただきます。

10．新技術を見据えたこれからの取組み

NEXT Logistics JAPANはコンサイをしています。異業種のコンサイ、そしてそれをダブル連結トラックであったり、将来的には自動運転で、そして１人でたくさん運ぶということを実現することで、徹底的に生産性と付加価値を上げていこうとしています。そして、その付加価値を荷主の物流費に還元するよりも前に、「トラックドライバー」に還元して、このトラック輸送という業界を魅力のあるものにしていきたいと考えています。

先ほどご紹介したトラックドライバーの平均年収、大型トラックの平均で４６３万円に対して、NEXT Logistics JAPANのトレーラーのドライバーの年収レベルは６００万円から８００万円と約倍近く、このお給料を払ったとしても、生産性を上げて今までと同等かちょっと高いぐらいの運賃で運べます。現在９台のダブル連結トラックを使って、10万t以上の荷物を運んできました。幹線輸送の積載率は、世の中の４割に対し平均荷積率63％をマークします。１人のトラックドライバーがダブル連結トラックで運ぶことで２台分。そしてコンサイし効率をあげることで、従来のトラック輸送と比して２５０％の輸送力を実現しました。効率を上げトラックの中の積載率を６割まで上げて、徹底的に１人のトラックドライバーで１台のトラックで運べる量を増やしていく。効果としては、この３年間で各々の会社でそれぞれ運んでいた時と比べ、必要なドライバーの数を43％、５，０００人以上のトラックドライバーを減らしました。そして、CO_2

の低減効果は1，000t以上になります。

より少ないトラックでモノが運べる、ということはトラックも少なくて良いのです。一見このことは、自動車メーカーからするとトラックの販売台数が減ってしまうという忌々しき問題のようですが、社会ではドライバーが不足しモノが運べなくなっているのです。私たちは意志と覚悟を持ってトラックを減らしている。こう考えていただけるとありがたいなとも思います。そして、いま行っていることはステップワンにすぎません。その先の将来的にこの幹線における長距離のトラック輸送が自動運転になっていくことをイメージして、今から仕組み、枠組みという構えを作っていきたいと思います。

2年くらい前には、ダブル連結トラックにCACC（協調型車間距離維持支援システム）／LKA（車線維持支援システム）、前と後、通信をして後ろのトラックは前の操作が全部瞬時に伝わって、要はハンドルに手を添えただけで付いていくというような追従ができるような装置を付けて実際に走らせて自動運転を実証するということも行っています。

また、トラックだけが自動になっても荷物の積み替えをする人がいては十分ではないと考え、無人のフォークリフトの実証を合わせて行っています。無人のフォークリフトで荷物を積下しを行い自動搬送ロボット（AMR）が倉庫内に運び入れるという実証実験も行っており、今年の7月からは一部実装していこうと考えております。

そして、そのトラックを電動化していく。先日、水素で発電して走るEVのトラックの出発式を行いました。これはビールメーカーの工場と私たちクロスドックセンターの間を既に毎日走っています。水素で発電する燃料電池のトラックですから、ここから排出されるCO_2および排気ガスは「ゼロ」です。電動の大型トラックも既に現実になりつつあります。けれども、この荷室の中が空で走っていては意味がありません。だから私たちはコンサイをして、積載率を上げることで荷物一つあたりのCO_2を徹底的に減らすのです。こういうことをしていくと、現状「モーダルシフト」というとトラック輸送を船や鉄道に転換することですが、もしかしたら、電動トラックにより船や鉄道と伍するような環境にやさしい輸送というものが可能になると考えております。

クロスドッキングのするハブの役割をするステーションも、そんな中で考えていかなければならないと考えていまます。現在構想している高速道路に直結型のクロスドックについて、これを例えばダブルエンジンのトラックで利用する場合、非常に長いトラックですから、できれば高速道路上だけで走りたい。高速道路から一般道を介さず直接アクセスが出来、そこで荷の集約、連結、切離しをするようなステーションをぜひ作っていきたい。物流の拠点も縦割りで皆さんがそれぞれで持つのではなく一緒にやりましょう。そして、その共有拠点でトラック・トレーラーの連結／切離しといった機能や、更に先には自動運転と人の運転を切り替えるスイッチングポイントにもしていきたい。さらには、先

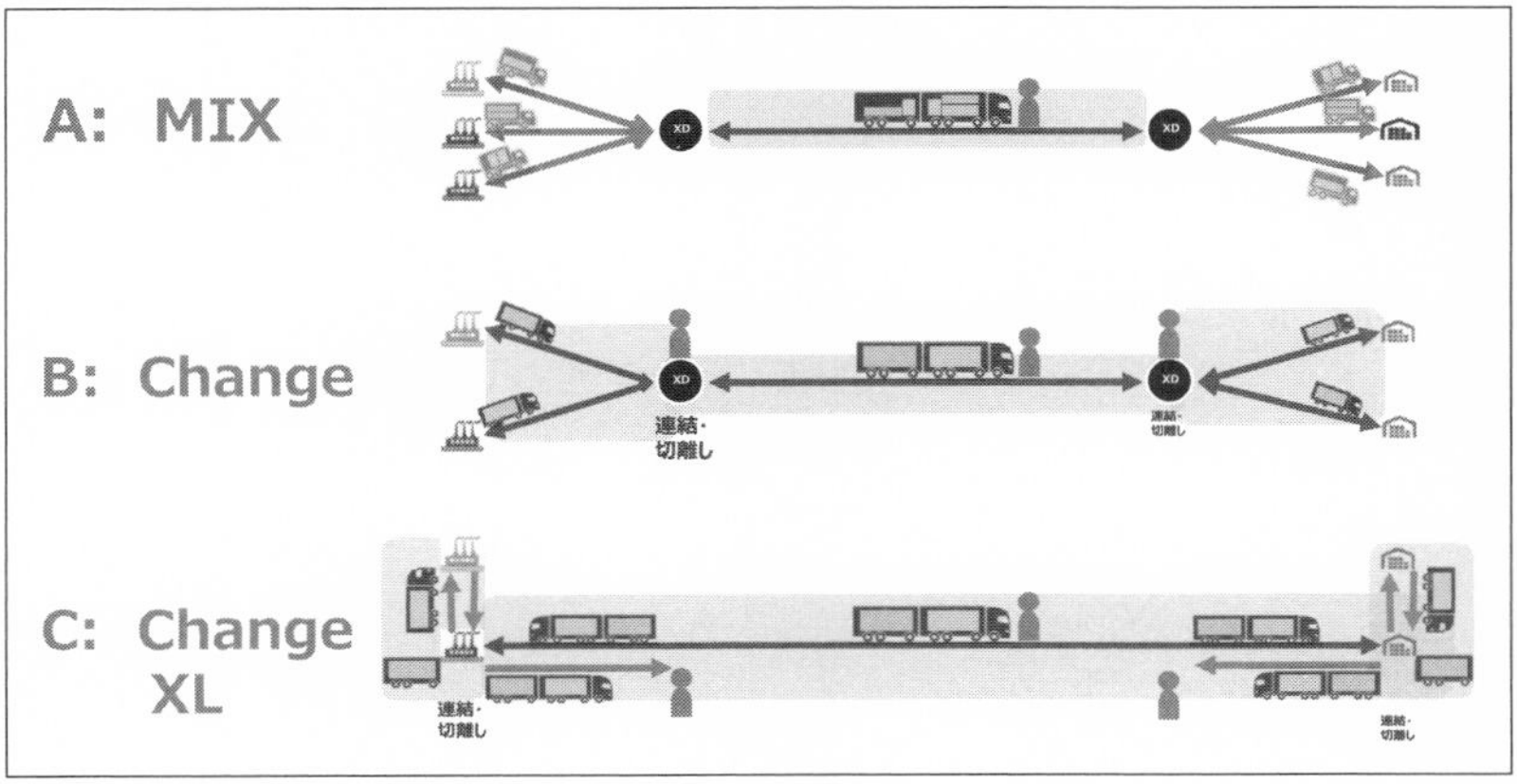

ほどの燃料電池車の水素を供給ステーションもここにあると良いでしょう。こうした拠点を皆で作ることによって、様々な新しいテクノロジーを「現実に」「実装」していくイメージも作っています。ドライバー1人あたりトラック1台あたりに輸送量を最大化し如何に生産性を上げるか。そしてこの物流業界を支えるすべての人々の価値を上げていく。このために私どもは様々な技術を実装し、それを具現化することによって、こういうことをすれば本当に効率化できる、ということをカタチにしていきたいと思います。御清聴ありがとうございました。

第３章

進化するＡＩと物流―世界的ガリバー企業の取組み

株式会社ダイフク人材戦略部採用Ｇ　細川誠氏

１．自己紹介

皆さん、こんにちは。株式会社ダイフクの細川です。私は、入社後、長らく営業畑を歩んできました。事業部での営業を経験し、その後、子会社に出向して新規事業に携わりました。２０１７年に人事部門に異動し、以降は、主に採用関連業務に従事しています。

私が勤務するダイフクは、マテリアルハンドリングシステムの総合メーカーで、２０２３年3月期の連結売上高は6，０１９億円、営業利益は５８８億円です。

現在、世界25の国と地域で事業を展開しており、海外売上高比率は67％、グループの従業員は約13，０００人です。

スライド右側の画像は、当社のマザー工場でもある滋賀事業所の空撮画像で、敷地面積は、約１２０万平方メートル、東京ドーム25個分の広さです。

ここで、社名の由来についてのお話をいたします。ダイフクは１９３７（昭和12）年に、前身の「株式会社坂口機械製作所」として、大阪市西淀川区で創業し、当初は、主に製鉄用の鍛圧機械や港湾クレーンなどの製造を手掛けていました。その後、１９４４年に総合商社の傘下に入り、「兼松機工株式会社」に。１９４７年には、「大福機工株式会社」に改称されました。社名の「ダイフク」はユニークな名前だとよく言われますが、新たな社名を決めることになった当時、大阪と京都の福知山に工場があったことから、その二つの地名の頭文字を取って、縁起の良い名前だということで「大福」になったのが社名の起源です。そして現在では、片仮名の「ダイフク」になっています。

本日は、ダイフクが生業とする「マテリアルハンドリングシステムとは何か?」というお話と、「マテリアルハンドリングの歴史において、１９５０年代以降でモノの流れがどのような変遷を辿ってきたのか?」というお話をさせていただきます。そして最後に、当社の顧客納入事例のご紹介とともに、当社が、最新技術を取り入れながら、これまで、どのようにお客様を支え、どのように社会にお役立ちしてきたかをお話できればと考えています。

1．ダイフクグループ 会社概要（2023年3月末時点）
DAIFUKU
■ マテリアルハンドリングシステムの総合メーカー
■ 設立 1937年5月20日
■ 資本金 318億65百万円
■ 代表者 代表取締役社長 下代 博
■ 従業員数 13,020人（グループ計）
■ 連結売上高 6,019億22百万円
滋賀事業所（敷地面積：約120万㎡）
＜6つの主力事業＞
イントラロジスティクス
クリーンルーム
オートモーティブ
エアポート
オートウォッシュ
電子機器
DAIFUKU Automation that Inspires
©株式会社ダイフク

まずは、会社案内の動画をご覧頂きます。（以下、動画の要旨）

現在、ダイフクでは、一般製造業・流通業向けシステムを取り扱う「イントラロジスティクス事業」、半導体・液晶生産ライン向けシステムを取り扱う「クリーンルーム事業」、自動車生産ライン向けシステムを取り扱う「オートモーティブ事業」、空港向けシステムを取り扱う「エアポート事業」、洗車機・関連製品を取り扱う「オートウォッシュ事業」、「電子機器事業」の六つの事業をグローバルで展開しています。

ダイフクの強みは、コンサルティング、システム構築から、製造、工事、そして、長期安定稼働を支えるアフターサービス、リニューアルまで、トータルサポート体制を構築していることです。また、マテリアルハンドリングシステムを構成する主要な製品を自社で開発、生産することにより、世界に広がるお客様にご満足いただける最適・最良のソリューションを提供し、お客様の競争優位性を押し上げています。

2．マテリアルハンドリングとは？

動画をご覧頂き、工場、物流センター、空港など、色々な業種・業態で、当社のマテリアルハンドリングシステムを活用いただいていることをご承知いただけたと思います。

まずは、「マテリアルハンドリング」についてですが、「モノを効率的に保管、搬送、仕分け・ピッキングする」ことです。そして、これらの機能を持つ機械設備と、設備の動きを制御・管理するソフトウエアを組み合わせて、スムーズなモノの流れをつくる仕組み（自動化技術）を「マテリアルハンドリングシステム」と呼びます。

近年、慢性化する人手不足によって、今では工場や物流センターなどを建設する際には、必ず自動化が検討される時代になりました。当社は、様々なマテリアルハンドリング技術を活用して、工場や倉庫の自動化を行うことで、お客さま企業が抱える様々な課題、例えば、在庫を減らす、ミスを減らす、作業時間を減らす、などを解決しています。そして、これまで人手を掛けて行っていた重労働や反復作業を、自動化技術で軽減し、新たな価値を生み出すことを目指しています。

ここで、言葉の定義付けをしますと、「保管」とは、モノを収納し、何処に、何が、いつ、何個あるかを管理する事です。「搬送」とは、A地点からB地点にモノを移動させる事です。「仕分け」は、宅配便のセンターであれば、方面別に荷物を仕分けていく機能で、スーパーやコンビニの物流センターでは、棚から取り出してきた商品をお店ごとに振り分けていく作業を「仕分け」と呼んでいます。「ピッキング」は、保管場所から必要な数量を取り出すことを言います。

マテリアルハンドリングは、工場や物流倉庫の中のあらゆ

2．マテリアルハンドリングとは
DAIFUKU
マテリアルハンドリング（Material Handling)とは、
モノを効率的に「保管」「搬送」「仕分け・ピッキング」する機械設備と、
設備のを動きを制御・管理するソフトウエアを組み合わせて、生産工場や
物流倉庫において省人化・省力化を図り、在庫圧縮、作業ミスの減少、
リードタイム短縮に貢献すること。
保管
搬送
仕分け・ピッキング
DAIFUKU Automation that Inspires
©株式会社ダイフク

る場所で活用されています。つまり、モノが、工場や倉庫に入って（入庫）から、出る（出庫）まで、マテリアルハンドリングが受け持っていると思ってください。

実は、皆さんのご実家でも、「マテリアルハンドリング」が行われています。一例として、夕食時のダイニングルームを想像してみて下さい。食事に使用する食器は、食器棚に保管されています。皆さんのお母さんは、食器棚の何処に、どのような食器を置いてあるかをちゃんと把握されています。調理を終える頃には、盛り付けに必要な食器を棚から取り出します。例えば、お皿を三つ、お茶碗を三つ、お椀を三つなど、ピッキングするわけです。

そして、お皿に料理を盛り付けて、それをテーブルに運ぶ。これは、仕分けと搬送です。食事が終われば、使用した食器は、洗って、また棚の元の場所に戻します。

このように、マテリアルハンドリングという言葉をご存知なかった方も、日々の生活の中に、「マテリアルハンドリング」があることを、イメージいただけたと思います。

３．マテリアルハンドリングの歴史

続いて、マテリアルハンドリングの歴史と変遷をご紹介します。

まずは、「流通」ですが、これは、モノを生産する生産者と、モノを消費する消費者を繋ぐ事業活動を意味しており、商品やサービスが、生産側から消費側にうまく流れるようにする仕組みです。

この流通は、「商流（商的流通：Commercial Distribution）」と「物流（物的流通：Physical Distribution）」

に分類することができ、商流は、流通過程における商品取引の売買によって所有権が移動する商取引のことを言います。

一方で、物流は、もともと米国の考え方である「Physical Distribution」が日本に取り入れられた際に、直訳されたもので、商品を消費者に届けるための輸送や配送、保管、包装、荷役、流通加工、情報処理などを含めた過程を言います。一般的にモノの流れを物流と言うのですが、我々の業界では、この「物的流通流」を略して物流となったと言われており、「マテリアルハンドリング＋輸送」を意味すると考えていただければ良いと思います。

なお、「Physical Distribution」は、１９２０年代に米国で起こった考え方ですが、当時、フォード・モーター・カンパニーは、すでに、先ほど映像でご紹介したような自動搬送ラインを用いた流れ作業で自動車を量産していました。米国では、それだけ車が普及し、販売されていたということです。

実は、当社においても、終戦から2年後の１９４７年に、当時の経営者は「戦後の復旧が終わって、復興が始まったら、必ずモノが足りなくなる。今後、モノづくりが増えてい

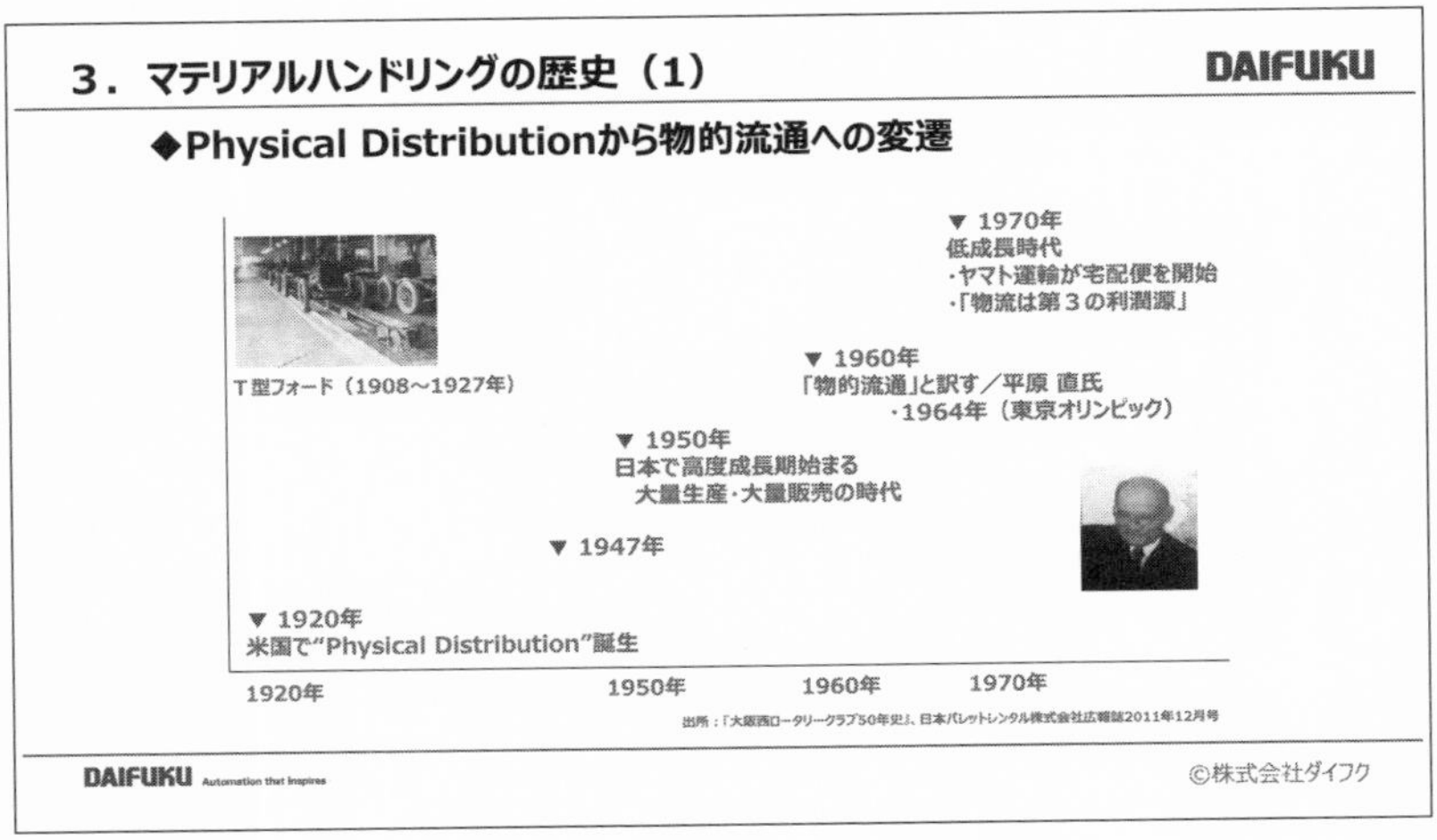

3．マテリアルハンドリングの歴史（1）
DAIFUKU
◆Physical Distributionから物的流通への変遷
T型フォード（1908～1927年）
▼ 1970年
低成長時代
・ヤマト運輸が宅配便を開始
・「物流は第３の利潤源」
▼ 1960年
「物的流通」と訳す／平原 直氏
・1964年（東京オリンピック）
▼ 1950年
日本で高度成長期始まる
大量生産・大量販売の時代
▼ 1947年
▼ 1920年
米国で"Physical Distribution"誕生
1920年
1950年
1960年
1970年
出所：「大阪西ロータリークラブ50年史」、日本パレットレンタル株式会社広報誌2011年12月号
DAIFUKU Automation that Inspires
©株式会社ダイフク

みを始めました。

その後、高度経済成長期と言われた１９５０年の中頃は、「大量生産、大量消費の時代」と呼ばれました。簡単に言いますと、モノがないから、モノを作らなければなりません。そして、作ったモノは作っただけ売れるという時代です。そうなると、大量のモノをもっとスムーズに運ぶことが重要になりました。「荷役近代化の父」として知られる荷役研究所の元所長、平原直先生が、米国から「フィジカルディストリビューション」という考え方を持ってこられて、それを「物流」と訳したのも、この時期です。

ところが、１９７０年代に入ると、オイルショックが発生し、いわゆる「低成長時代」になります。モノはある程度、市場に行き渡り、以前に比べて売れなくなりました。製造業では、「安く作って、たくさん売る」ことで、利益を増やすことができたのですが、低成長の時代では、モノは、それほど売れません。

製造業における利潤源は、第一に「販売量を増やすこと」、第二に「製造原価を下げること」でしたが、そこに第三の利潤源として、「もっと物流を活用すれば、コストを下げられる」というような考え方をされるようになり、改めて物流が注目されるようになりました。

その後、円高の時代になり、生産拠点の海外移転や、国内の空洞化が生じました。一方で、色々な技術が発展したのです。特にコンピューターの導入と活用です。先ほどのシステムの動きを見ていただきましたが、コンピューターで制御していますので、その技術が進むほど、高度で、早い管理ができ、物流の自動化にも役立ちました。

ここで、「ロジスティクス」について説明いたします。皆さんにとって、「ロジスティクス」は、「マテリアルハンドリングの自動化への取組

くと、モノの動きは、もっと大量に、早くなるだろう」と考え、マテリアルハンドリングの自動化への取組

アルハンドリング」以上に聞き覚えのある言葉ではないでしょうか。実は、「ストラテジー（Strategy）」や「タクティクス（Tactics）」などと同様に、「ロジスティクス（Logistics）」は、もともと軍事用語でした。日本語では、ストラテジーは「戦略」、タクティクスは「戦術」、ロジスティクスは「兵站《へいたん》」と訳されていますが、この「兵站」を「広辞苑」で調べると、「作戦軍のために後方にあって、車輛・軍需品の前送・補給、修理、後方連絡線などに任ずる機関」と記載されています。つまり、「補給」「輸送」「管理」という三つの要素から成立つ総合的な軍事業務で、戦闘地帯の最前線に、後方から必要な物資、例えば、食料や武器・弾薬、兵員などを配置するといった活動全般を意味します。

　つまり、「必要なモノを、必要な時に、必要なだけ届ける」という意味を持つロジスティクスは、この「兵站」という軍事用語をビジネス用語に転用したものです。これらは、1990年にイラクによるクウェート侵攻に端を発した湾岸戦争の際、多国籍軍の主力となった米国軍が、55万人以上の将兵と約700万トンの物資をアラブの砂漠に配備した「史

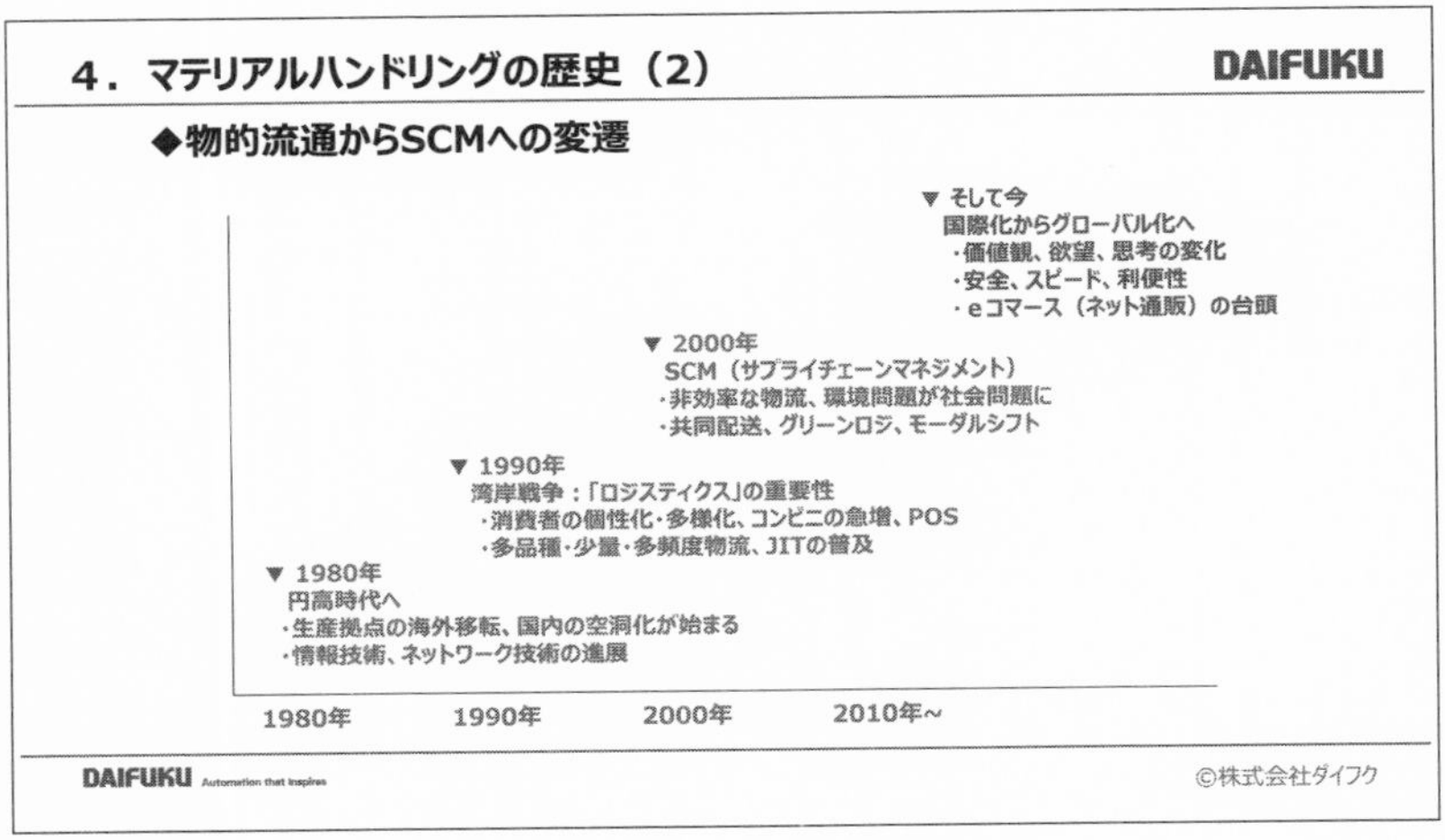

4．マテリアルハンドリングの歴史（2）
DAIFUKU
◆物的流通からSCMへの変遷
▼そして今
国際化からグローバル化へ
・価値観、欲望、思考の変化
・安全、スピード、利便性
・eコマース（ネット通販）の台頭
▼2000年
SCM（サプライチェーンマネジメント）
・非効率な物流、環境問題が社会問題に
・共同配送、グリーンロジ、モーダルシフト
▼1990年
湾岸戦争：「ロジスティクス」の重要性
・消費者の個性化・多様化、コンビニの急増、POS
・多品種・少量・多頻度物流、JITの普及
▼1980年
円高時代へ
・生産拠点の海外移転、国内の空洞化が始まる
・情報技術、ネットワーク技術の進展
1980年
1990年
2000年
2010年～
DAIFUKU Automation that inspires
©株式会社ダイフク

上最大のロジスティクス・システム」という形で発揮されました。米軍は、ロジスティクスで勝利したと考えられたわけです。そこで、企業各社は、調達、供給の重要性を再度、認識したわけです。

また、この当時は、それ以前の大量生産、大量販売の時代を経て、モノが溢れていたこと、その後の不景気で、モノが売れなくなったことに加えて、消費者の好みが多様化していました。コンビニの店舗数が増えた時期とも一致します。時代の流れでモノの流れが変わってくるので、それから物流のトレンドは、「多品種少量」、「多頻度小口」へと移っていきます。必要なモノを、必要な時に、必要な分だけ供給する、いわゆる「ジャストインタイム」が脚光を浴びたのもこの時期です。

ジャストインタイムについては、トヨタ自動車の「カンバン方式」が良く知られていますが、部品メーカーにとっては、自社の都合が良い時に部品を作り、作った部品をトラックに積めるだけ載せて、自動車工場に届けることが最も効率的なのです。しかし、それでは、自動車工場は、部品で溢れてしまいます。要するに「今日、計画している生産に必要な分だけの部品を供給して欲しい」というわけです。実際、工場は３交代制のシフトを組んでいますので、そのシフトごとに納品してもらう形態を取っていると思います。

実は、このジャストインタイムの在り方は、コロナ禍の影響で、少し見直されたと感じています。

それは、工場の生産に必要な部品や素材が、タイムリーに入手できなくなったからです。当社においても、最近は、少し早めに、少し多めに調達するようにしています。何故かというと、コロナ禍で、軒並み部品の納期が延びたことで、お客様企業に、ご迷惑を掛けないよう、先行して部品を手配、確保するようになりました。本来、経営的に効率の良くないことですが、余分な経費を掛けてでも、顧客企業のために納期を優先しています。こうした状況は、ここ2~3年間で、様々なメーカーでも生じています。

さて、2000年代になるとサプライチェーン・マネジメントが注目されます。これは、異なる企業間まで広げた物流の管理と、その最適化です。特定の企業を起点にして、上流から下流にある別の企業が情報を共有化することで、原材料の調達から、最終目的地での製品の配送まで、モノの流れを管理することです。必要な時に、必要なモノを、必要な数だけ、必要なところに動かすという意味でも、マテハン、物流、ロジスティクス、そしてサプライチェーン・マネジメントは、目指しているところは同じであると、私は考えています。

昨今、環境面における課題が認識されるようになり、業界では、モノを運ぶトラックの台数削減に取り組んでいます。トラックの台数を減らすことができれば、燃料代を減らすことができるだけでなく、環境負荷の低減につながり、ドライバー不足も軽減できるからです。

具体的には、長距離輸送においては、環境負荷の低い鉄道や船舶の活用が増加しています。例えば、博多の貨物駅まではトラック、そこから東京までは鉄道で運び、東京の貨物駅に着いたら、そこからはトラックで運ぶことにするなど、トラック輸送の距離や回数を減らして、二酸化炭素の排出量を削減させる取組みで、「モーダルシフト」と呼ばれています。

続いて、共同配送です。例えば、飲料メーカーのA社とB社が、共同で同じトラックに両社の製品を載せて納品する方法で、必要なトラックの台数を減らすことができます。ここでのポイントは、同業の複数の企業が、同じ行き先の製品を相積みすることによって、トラック台数を減らすということを考える点です。

その他、メーカーが、コンビニやスーパーに直接、製品を持って行くのではなくて、中間地点に卸のセンターを置き、そこから様々なメーカーの商品を積載してお店ごとにまとめてトラックに仕立てて必要なトラック便数を減らそうという取組みも行われています。

次に、荷物を載せるための「パレット（荷役台）」についてお話しします。モノをパレットに積載して、フォークリフトを使えば、一度に多くのモノを効率良く運ぶことができます。大量生産、大量販売の時代には、この単位での取り扱いが、主流でした。ところが、徐々にモノが売れなくなり、消費者の好みが多様化してくると、製造業よりも小売業の方が強くなり、そこから、モノの流れが細分化していきました。

特に、コンビニエンスストアでは、１００平米程度の店舗で、３，０００品目程度の商品を販売しています。よって、工場から商品を大量に配送されても、店舗で保管できません。

また、皆さんも、ネット通販で二つの商品を購入したら、商品が、それぞれ別々に配達されてきたという経験があるかと思います。

こうして、モノの取り扱いがパレット単位から、ケース単位になり、そして、ピースへと、単位が細かくなり、配送の頻度も増えたのです。

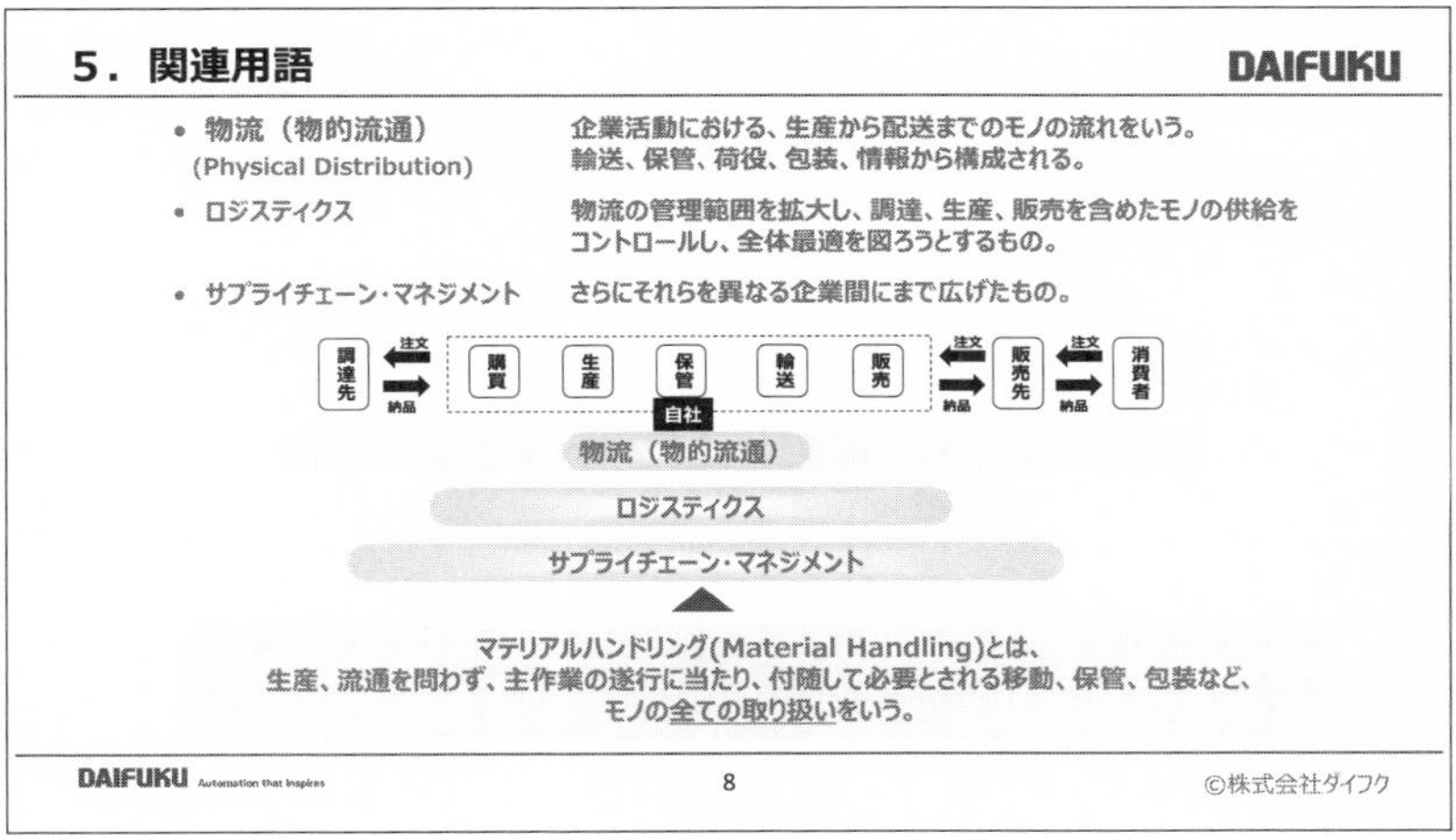

5．関連用語
DAIFUKU
• 物流（物的流通）
(Physical Distribution)
企業活動における、生産から配送までのモノの流れをいう。
輸送、保管、荷役、包装、情報から構成される。
• ロジスティクス
物流の管理範囲を拡大し、調達、生産、販売を含めたモノの供給をコントロールし、全体最適を図ろうとするもの。
• サプライチェーン・マネジメント
さらにそれらを異なる企業間にまで広げたもの。
調達先
注文
納品
購買
生産
保管
輸送
販売
自社
販売先
消費者
物流（物的流通）
ロジスティクス
サプライチェーン・マネジメント
マテリアルハンドリング(Material Handling)とは、
生産、流通を問わず、主作業の遂行に当たり、付随して必要とされる移動、保管、包装など、
モノの全ての取り扱いをいう。
DAIFUKU Automation that inspires
8
©株式会社ダイフク

4. マテリアルハンドリングの自動化について

ここで、「マテリアルハンドリングの自動化ビジネス」について、お話しします。マテリアルハンドリングは「モノを取り扱う」ことですから、製造業や流通業の企業を中心に、モノを動かす必要があるところは我々の市場になります。当社にとって、大きな市場は、例えば、自動車工場、半導体工場、ネット通販の物流センター、空港など、こうした幅広い業界で自動化ニーズがあるということです。

市場環境について、2点お話しします。現在、少子高齢化が進み、働き手が減っています。ところが、当社のお客様は、もっと一歩踏み込んだ悩みを持っています。それは、働き手が減る以前に、働き手がいないのです。特に、物流倉庫では、まだ多くの現場で人が作業をしているのですが、辛い仕事なので募集をかけても人が集まりません。一方で、「働き手がいないので、今日は出荷できない」となると、顧客企業は離れていきます。つまり、人手に頼らないための、自動化をせざるを得ないという状況になっています。

そして、もう一つは、新型コロナ感染症拡大の影響で、人の「密」を避けるために、可能な限り少ない人員で現場を運用したいというニーズが拡がっています。こうした状況が、今の自動化推進に大きな好影響を与えており、業界に自動化の大きな波が来ています。

二つめの市場環境です。ネットショッピングについては、皆さんの方が詳しいと思いますが、パソコンやスマホで、ポチっと注文すれば、翌日には、注文した商品が自宅に届きます。とても便利ですよね。これが何故、我々の業界に影響を与えたのかについてですが、ネットショッピングが普及する前までは、皆さんの買い物スタイルといえば、ご自身でお店に行って、買いたいものを自分で探して、陳列棚から欲しい商品を欲しい分だけ取り出して、買い物カゴに入れて、精算して、スーパーでは袋詰めまで自分でして、購入したものを自宅に持ち帰っていたと思います。ところが、ネットで注文したら、これまで皆さんがお店の中でやっていた作業を、すべて店舗側で行わなければなりません。加えて、注文された商品を翌日には、皆さんの自宅に配達しなければならないのです。これは人手の世界を超えていますね。ですから、ネット通販業界では、「明日お届けします」というビジネスモデルを成り立たせるためには、「倉庫を自動化」せざるを得ないのです。それもハイレベルな自動化が必要で、遅れなく、翌日に商品を届けなければならないため、倉庫の自動化は非常に増えています。

加えて、大手スーパーが始めた生鮮食料品を取り扱う「ネットスーパー」の販売規模が今後増加すれば、注文品を配送するための自動化が必要になります。注文を受けた翌日にお客様に届けるわけですから、ネット通販並みの設備拡充や自動化は必要です。このように、近年、日本国内では流通系の自動化が非常に積極的に行われています。

次の資料は、米国のマテリアルハンドリングの業界誌が、調査・公表した「２０２２年のマテリアルハンドリングシステム・サプライヤー20社の売上高の世界ランキング」です。企業名に添えられている国旗をご覧になって、欧米の企業が多いことを感じていただいたと思います。

皆さんは、マテリアルハンドリング技術の先進国と聞いて、何処の国を思い浮かべますか？　確かに日本の技術は、世界の先端を走っています。しかし、マテリアルハンドリングの先駆的な国は、ドイツをはじめとした欧州諸国で、会社の数も多く、長い歴史を持っており、技術レベルも非常に高いのです。

また、欧州には、もう一つの特徴があると感じています。島国の日本と違い、同じ大陸の中に多くの国が隣同士に並んでいるため、歴史的に、常に周囲の国との付き合いが発生し、モノのやり取りが多く発生してきました。そうすると、様々なルールが必要になります。物流に関するルールも多くあり、例えば、荷物を載せるパレットのサイズを標準化・共通化しようといった具合です。標準化ができれば、自動化もしやすいですよね。そういった意味でも、欧州の企業は、その他の地域よりも早くから、マテハン関連市場に参入したと言えると思います。

日・米・欧に続き、中国も大きな市場になりました。インドや東南アジアも有望な市場となっています。東南アジアの市場では、近年、冷凍の物流倉庫が増えています。これは、人々の生活スタイルが変化し、冷凍食品が普及するなどの変化が、モノが流れを変化させていると、私は考えています。

ここで当社の顧客納入事例を三つご紹介いたします。

まず、飲料メーカーの商品倉庫です。飲料メーカーにおいては、顧客であるスーパーやコンビニから、毎日、注文を受けるのですが、注文を受けてから、飲料を作って容器に入れて出荷することはできないので、日々の注文に対応できる数量を予め作って、保管しておくことが必須です。

メーカーにとっては、大量生産によって品質が安定し、コストメリットが出ますし、作るものを変えることになると、都度、タンクを洗うなどの段取りを変える必要があるので、できるだけ同じ商品をたくさん作りたいため、製品在庫が増える傾向にあります。一方で、小売店は、メーカーの作りたいペースでは買ってくれません。

よって、保管商品を無駄なく管理し、スペース効率を最大化させるために、全自動の自動倉庫が活用されています。この自動倉庫では、一番高いところでは、地上30mまでモノを保管することができ、設置スペースの最小化が可能です。また、コンピューターで管理されており、何時、何が、何個入庫され、何処に保管されているかを管理できます。注文が来たら、必要な商品、例えば「無糖の缶コーヒー」を入庫順に出庫します。

続いて、半導体工場内の搬送システムです。当社が提供しているのは、半導体の部材として使用されるシリコンウエハを「ＦＯＵＰ」と呼ばれる密閉・保持するためのカセットに格納し、搬送ビークルに搭載して、天井に張り巡らしたモノレールのような走行レールで、露光や洗浄などの数百におよぶ複雑な工程間を搬送するシステムです。走行レールの総延長は、10㎞にもおよび、数百台以上の搬送ビークルが24時間365日稼働しています。

また、ウエハの搬送には、摩耗粉が発生しない非接触給電技術を活用し、仕掛品の一時保管には、ウエハの劣化防ぐ「窒素パージシステム」も使用しています。

半導体の需要の高まりを受けて、近年では工場の大型化が進んでいます。半導体メーカーが利益を上げるには、最先端の製品を大量生産することが必要なため、工場の規模は年々拡大傾向にあり、大きな工場では、サッカー場が三つほど入る広さで、何千もの装置の間を縦横無尽に搬送させてウエハを加工しています。

次は、自動車生産ライン向けシステムで、日系企業を中心に、米国、アジア、中国の自動車メーカーに、プレス・溶接塗装・組み立てなど、自動車生産工程の全域に亘って、自動化・省人化システムを提供しています。

天井を走行するレールでボディを搬送するシステムもありますが、ご覧頂いた画像の例では、床の部分が動いてボディを搬送しています。実は、自動車は、約3万点の部品でできていると言われています。工場に納品される頃には、部品もユニット化されていますが、たくさんの部品を組み付けていく必要があります。ですから、自動車工場では、流れ作業という方法で車を組み立てるのです。例えば、ある作業員がハンドルの担当であれば、1台に一つのハンドルを組み付けます。次の車が流れてきたら、次の車にハンドルを付けます。そういう流れ作業によって大量生産を可能にしています。そのために搬送したり、持ち上げたり、回したりする必要はありますが、それは車の完成と何も関係ありません。ですから、そういったことは機械に任せて、人は本来の車作りに直結する、部品の組み付けに集中していただこうということで、この装置が使われています。

皆さんはこの写真（※自動車工場の現場）をご覧になって、ちょっとおかしいな、と思うところはありませんか？　実はこの前の工程は塗装です。塗装する時はドアが付いています。そうしないと同じ色になりません。組立が始まる前にドアは一旦外します。なぜかというと組み付けている間にドアを開けたり閉めたりしたら、例えば部品をドアに当ててしまうとか、作業員が手を挟むとか、危険なのです。そのために、敢えてドアを外して、部品を安全に組付けできるような工程にしています。自動車工場では、この横にドアそのものを運ぶラインがあり、部品を全部組み付け終わったらそこからドアが出てきて、またつけるといった方式になっています。

新しい技術への取組みをご紹介します。まずはＡＩ活用の事例です。（ビデオ上映）

途中に、台車に積まれた荷物の映像が流れていたと思いますが、ロボットによるモノの積み込みの際にＡＩを使っています。流れてくる荷物が何かを把握して、カメラが台車の中を見て、台車の中の空いているスペースを認識したうえで、そこに縦か横かの向きを決めて配置する。このようにＡＩを使って、積み込み作業をしています。この顧客企業の物流センターでは、非常に高い精度で出荷が行われています。センターの開所時に目指した誤差は1，０００万分の1で、その精度を実現しています。何が凄いかといえば、人が伝票を見てそこに記載された商品を棚から取ってくると、1，０００回のうち1～3回は、間違えると言われています。あるコンビニの大手チェーンでは、1日に何回も納品が来て入荷チェックが大変です。それで、仕入れ先に求めたのは、10万分の1の誤納品率です。「10万回に1回の間違いであれば、当社では検品無しでモノを受け取りましょう」と。これが10万分の1です。今の顧客企業は、1，０００万分の1ですね。桁が二つ上がっています。こうした作業の精度に加え、より高度なマテハンが求められています。

そして、ＡＩ活用のもう一つの例は、先ほどご紹介した半導体製造工場での、半導体のウエハ搬送システムです。大規模な工場では、工場内の各工程間を数百台の搬送ビークルが走行しています。全てのビークルの位置や状態はコンピューターで把握・管理されており、ＡＩを活用することにより、ビークルの渋滞回避や、最短時間で次の工程に進むための走行ルート検索を瞬時に行います。

次に無人車によって回収されたウエハを次の工程に搬送する際、どのように走行すれば最短距離で到着するか、工場内のすべての無人車の混雑状況などを考慮してルートを決定するわけです。

次にシミュレーションのシステムをご覧頂きます。（ビデオ上映）

我々にとって悩ましい問題は事前にお客様の現場でテストができないことです。据付を終え試運転調整を始めた時に手直しが発生することがあります。先の動画にありましたように、以前は当社工場の中で仮組みして空箱を使って例えば1，０００個ぐらい荷物を用意したとしても10分程度で終わってしまいます。そうなると、15分後に何が起きるか分からないわけです。今は24時間シミュレーションできますので、ちょっとここは詰まっているよねとか、ここは空いているよねということで、例えばセンサーの位置をあらかじめ少し変える等の対策をして、スムーズにお客様に引き渡そうとしております。

次に、飲料メーカーの最新センターの動画を見ていただきます。(ビデオ上映)

先程の映像にあったフォークリフトが荷物を下ろすところ以外は、全自動になっています。また、ご覧いただいた飲料メーカーに納入した事例の画期的なところは、荷物をトラックに積み込むところまで自動化しています。それ以前はトラックから荷物を降ろすのとトラックに積むこと以外は、わりと我々の手持ちのところで自動化はできていたのですが、そこから先は、人手を用いてフォークリフトでトラックに載せたり、トラックからフォークリフトで人が降ろしたりしているのです。その部分でも人手を減らすということで、自動でトラックに積み込むような方式を取りました。今回の例は直接顧客企業からお客様のもとには荷物が行きませんので、どうしても扱いの単位がケースになります。お客様によってはパレットに載っているのが全部同じ商品の場合もあれば、同じパレットに複数の商品を混載する場合もあります。

アパレルメーカーのネット通販のセンターの映像をご覧いただきます。(ビデオ上映)

「ピッキング作業だけは人手で」、とのご依頼で完成したのがこのセンターです。今では、全自動に向けて取り組んでいると伺っています。実はこのセンターができた時に、このお客様は「売らないお店」の出店を始めました。アパレル系のお店は、ポロシャツを例にとると、サイズが三つあったら3種類、それぞれのサイズで10色を販売するとなると30種類を店に置いておく必要があります。売り切れないように数量的にも結構在庫を置いておかなければなりません。しかしそれでは自ずとお店が広くなります。もしネット通販のように、明日お客様の手元に届くなら、お客様は店で買う必要ありません。必要なサンプルだけ置いておいて、見て、「ああ、これ買おう」とポチッとやれば商品が届くのですから、そうなると（店舗の規模が小さくて済むため）機動的に出店できます。ですから自動化というのは、例えば、先ほどご説明したネット通販の例のように「明日お届けします」というビジネスモデルを支えたり、顧客企業のビジネスモデルの変革を陰でお手伝いしたりしていると思っています。

第４章

物流のプラットフォームと中小事業者の活性化

CBcloud 株式会社 代表取締役ＣＥＯ　松本隆一氏

1．航空の世界から物流の世界へ

CBcloud の松本と申します。CBcloud はスタートアップベンチャー企業として、２０１３年に設立、今10期目に入りまして、外部から資金調達をさせていただきながら、物流業界にサービスを展開している会社です。志しを共にする企業と共に、物流業界全体の価値向上を目指しています。

簡単に私の紹介をさせていただきますと、沖縄出身で首里城に一番近い小学校に通い、高校まで沖縄におり、高校卒業後に航空保安大学校に入り、公務員になってスーツを着て月曜日から金曜日まで授業を受けて夏休みもない社会人生活を送っていました。卒業後は国土交通省に入省し、航空管制官として羽田空港に勤務しておりました。

空の世界にすごく興味があってパイロットになりたかったのですが、目が悪くて、パイロットに一番近い仕事というところで航空管制官を志しました。

羽田で管制官をしていましたが、航空管制官は先輩の命令が絶対ですので、先輩の助言を忠実に聞いて妻と結婚しました。その妻のお父様がまさに物流領域で仕事をしており、結婚する前に義父の課題等々を聞く中、物流の世界に入り、今の会社を作ったのが経緯となります。

物流業界のマーケットは全体で24兆円、CBcloudが今向き合っているトラック運送事業が15～6兆円になっております。フリーマーケット市場が大体多く見積もって1兆円と言われていますから、その15～6倍ある大きなマーケットであり、関わる人も多く、イノベーションを起こせる可能性も高くて、今ここに向き合っております。

物流に向き合う中で驚きだったのが、ほぼ中小の運送会社が日本の物流を支えているという事実です。恥ずかしながら運送事業者というと、大手数社しか知りませんでした。今の仕事をするようになって街で見かけるトラックを特に意識して見るようになると、全く知らない運送会社が多いことに気付き、そういう中小運送会社や個人事業主の配送ドライバーが日本の物流を支えていることがわかります。大体、日本の運送業界は、保有する車両が30台以下の規模の企業が9割近くを占めています。

中小零細の運送業者さんが多いため、多重収益構造がどうしても起きてしまいます。1社で捌ける荷物が限られているので、捌けない分は下請または協力会社に委託され、その結果、最後に物を運ぶ人の収入が少なくなってしまうという、不人気な職業です。

ただ、本当に物流がないと皆さんの生活も困るので、そういった課題がありながら生活に密な領域であるというところです。現在「２０２４年問題」を抱えている領域でもあります。「２０２４年問題」とは、簡単に言うと、働く時間に関する制約が設けられることです。ちょっと俯瞰して見ると、一般的な会社や社会からすると年間労働時間数９６０時間という上限が普通なのですが、そもそも働き過ぎの業界なので、物流業界でそれが制約されてしまうと、結果的に、今、私たちが体感してきたような配送スピードでモノが届かなくなってしまい、サービスレベルが低下していくということが大きく予想されます。

そういった構造的な課題を抱えている一方、ＥＣマーケットはすごく伸びています。それに伴って、不人気な職業という制約がついてくる中、物流業界に対する社会からの需要も伸びています。このギャップがあるからこそ、私たちのようなスタートアップベンチャーにもチャンスがあるとの思いで、この業界に向き合っております。

恐らく、大学を卒業して運転手、トラックドライバーになろうと思う人はなかなかいないとは思いますが、ただ海外であれば、結構ドライバーでも収入が高くて、子供がなりたい職業に入っていたりする環境があるので、そういったかたちで運送業界の魅力、価値を上げていけたらという思いで事業展開しております。

まとめると、本当に過酷な労働環境で、構造的な課題で収入も低くて不人気の職業なので、人手不足に陥っています。また、アナログで属人的な業務が多くて、課題が山積しているというのが、物流業界の概観だと思っております。

2．配送プラットフォームで「届けてくれる」にもっと価値を

物流と向き合っていると、物流に関わらない会社を探す方が大変だと思います。物流は人々を幸せにできる範囲が広く、私たちが物流を少しでも良くすれば、その恩恵を受けることが多いマーケットなのかなと

思っていて、そういったところにやりがいがあり、また、なくならない活動ですね。例えば「○○業って50年後ありますか」と質問されることがありますが、絶対あると言える人はどのくらいいますかね。50年後はなかなかわからない。でも物流はモノが必要な限り絶対にあるはず。そこがこの業界の特徴で、だからこそ、その領域で私たちが価値を社会に残していく、それが将来につながる活動になっていく、というところで本当にやりがいを感じながら今の事業を展開しています。

ここから私たちの事業の内容を簡単に説明します。配送プラットフォームPickGoを主軸にしながら事業を展開しています。PickGoとはマーケットに存在する運送事業者だったり、個人事業者のドライバーとお客様を直接繋いで配送を実現していくプラットフォームです。一方、物流現場の環境、先程属人的でアナログというふうにお伝えしましたけれども、そういった環境を仕組みで変えていくSmaRyuという事業を二つ持っております。

会社のビジョンは「『届けてくれる』にもっと価値を。」物流がなくなってしまうと、皆さんの生活にも大きな影響が出る、それだけ社会が必要としているにも関わらず、現場で働く環境、または収入がものすごく良くなくて、社会から必要とされているのに、評価されてないギャップを変えていきたいと思って、そのようなビジョンを定義しております。

他方、ミッションに関して、私達の活動は、ドライバーの価値を上げるとか、運送に従事する方々の価値を上げるというもので、結果的に人の価値をどうやったら上げられるかというところに行き着くと思っています。その潜在的なのびしろを見つけ、価値を最大化していきたいという思いで、「世の中の眠る力に革新を」と定義しております。

例えば、皆さんも親御さんがいて大学に入れてくれたと思いますが、勉強したい成長したいと思っても経済的な理由でできない人も、もしかしたらいる。そういうところのポテンシャルを開放しながら、価値を上げていくような取組みを将来的にはやっていけたらと思っています。

話を戻しまして、PickGo サービスの概要に入っていきたいと思います。先程、お客様と配送のパートナーを直接つなぐとお伝えしましたが、「直接」というのがすごく大事で、基本的には多重下請構造、逆に言うと、その多重下請構造を使わない運送事業者はほぼゼロだと思います。大手宅配会社も下請け運送事業者を使いますし、中小運送事業者でも協力会社という名の元、色々な運送事業とネットワークしながら多重下請構造でモノを運んでいます。私たちは起業したタイミングから「必ず直接配送するドライバーと直接繋がるし、その人に必ず運んでもらう。その人が金を抜いて他の人に仕事を渡してはいけない。」そういった強烈なルールを引いて、この事業を立ち上げてきました。

ですから、最初はすごく大変でした。基本的に「ニワトリ／卵のモデル」なので、お仕事の依頼が電話やネット経由で来たりして、通常であれば法人の運送会社を通して多重下請構造のネットワークに流してしまえば誰かが運んでくれるのですが、一人一人のドライバーと必ず繋がって運営するというところで立ち上げてきました。例えばそのドライバー一人一人と向き合いながら、名古屋から東京に帰ってくるドライバーと寝ずに恋人のように電話しながら毎日夜電話してあげて、その代わり僕らの仕事をやってもらう。そういった泥臭いことをしながら、このサービスを立ち上げてきました。

結果としては多くのドライバーさんの賛同を得て、私たちの活動、〝直接つながる〟ことによってドライバーの収入が大きく変わるんです。仕事の単価が変わるし、また、下請構造ではないので、ドライバーが主体的に仕事を選べるようになったんです。そういった大きな環境の変化を作ってきたことによって、結果的にお客様にすぐに配車できますとか、すぐにドライバーを呼べますなど、必ずドライバー調達ができる環境を作れたというところが、私たちのビジネスの柱になります。

基本的に事業とは、お金を払ってくれる人のために事業作りをするはずですが、私たちはドライバーの価値を高めたいという思いが強すぎて、ドライバーさんのためにサービスをやってきて、結果的にお客様に評価されるというような流れでビジネスを作ってきています。

今、5万台の軽貨物のドライバー、つまり個人事業主のドライバー5万人で当社の全国ネットワークができております。これは、国内にいる個人事業主軽貨物ドライバーが約21万人いると言われている中で、約4人に1人がPickGoに登録している計算となります。

軽貨物以外に、二輪車の登録数も2万人います。例えば今、セブン-イレブン・ジャパン様が「7NOW」という店舗からご自宅などへ商品を届けるサービスがありますが、私たちも一緒に取り組んで展開しております。

またPickGoは、一般貨物でいわゆる1t・2t・4tトラックネットワークを持っていますが、私たちの主軸は軽貨物自動車を持つ個人事業主で、小回りの利くビジネス、ラストワンマイルと言われる領域を主戦場としながら事業展開しております。皆さんがご存知のような会社さんと比較してみても、CBcloudが提供するPickGoに登録してくださるドライバーさんは多いです。

大手宅配会社さんが皆さんに荷物を届けていると思いますが、実は制服を着た個人事業主の方が行っていることが多いのです。それぐらい個人事業主のドライバーさんが私たちの物流を支えています。

3．CBcloud 創業の経緯

ここからちょっと創業のストーリーというか、このサービスを作るまでのストーリーを共有できたらなと思います。というのも、今後皆さんの中で就職してその会社の中で活躍していく人材になる方々が多いと思いますし、あるいは起業する方も出てくるかもしれませんが、参考になればというところで私の会社作りのお話をしたいと思います。

私はゲームが大好きで、高校3年生まで3分の2ほど学校に行ってないというか、寝ずにゲームをしまくって高校に行けていないという本当にゲーム大好きな学生だったんです。通っていた塾の先生から、もうゲームに操られるぐらいならゲームを作ればいいじゃん、作って人を幸せにしなさいよと言われて、その時に初めてゲームって作れるんだと思ったんです。

そこで高校2年ぐらいの時に独学でプログラミングをやってゲームを作ってみようと思ったちょうど同じタイミングで、塾を営む父がとても悩んでいました。当時の教材はＤＶＤで貸し出しや受講がとても非効率だったことから、ＩＴを活用し配信のシステムを作りました。

その結果、父や生徒さん皆さんの笑顔につながりとても評価していただきました。

そういうプログラミングをやっていたというところが、まず私の学生時代です。ちょっと偏った意見かもしれませんが、特に、ＩＴ領域の技術というところは、皆さんも身につけると自分一人の小さな力で大きな変化を与えたり、大きな幸せというか、価値を多くの人に届けることが出来るレバレッジの効く手段だと思うので、エンジニアリングというか、プログラミング領域の学びは結構おすすめします。

ただ、私は技術よりも飛行機が好きでした。学生時代、本当にこういう仕組みを高校2年で作っていったので、周りからは情報系の大学に行ったら？　など言われていたんですが、「いや、飛行機が好きです」ということで、諦められずに航空管制官という仕事に就きました。航空管制官もお勧めの仕事ですね。残業がありませんし、旅行にもすぐ行けるし、仕事が積もらないんですね。誰かが飛行機をさばいてくれるんで、復帰しても仕事が積もっていないし、安定の国家公務員ですから、管制官になりました。

それから羽田空港で管制官をしていました。管制官についての余談ですが、いい仕事ですけどちょっと嫌なところがあるとすると、転勤する度に空港ごとの資格を取らなければいけません。管制官は転勤すると訓練生から始まります。40歳でも訓練生から始まるので、そこはもしかしたらキツイというか、デメリットかもしれませんが、それ以外にちゃんと試験に受かれば、上司部下の関係は無いです。上司部下の関係があってしまうと、それを気にして空の安全を失ってしまうという考え方があるので、独立して自分で仕事ができるし、自分の指示をちゃんと飛行機が聞いてくれるという面白い世界だと思っておりますので、興味があればいい仕事なので、皆さんになってもらえたらなと思います。

先ほどお伝えしたように、管制官は本当に体育会系で、試験に受かるまでが体育会系です。試験の結果受かってしまえば対等、というような関係です、

それから、先程の話のとおり、スポーツジムで彼女に出会い、そして彼女のお父さんに出会いました。出会った時はびっくり、彼氏の紹介ではなくて、父が仕事に困っているので助けて欲しいというふうに今の妻に言われて、仕事の関係だったんです。ずっと電話が鳴っている社長さんで、こんな社長がいるのか、社長とはもっとラクして仕事してるんじゃないかなと思ったのが第一印象です。

なぜ電話をずっと受けていたのかというと、もともとこの義理のお父さんは車の整備や販売をする、国道沿いにあるような車屋さんでした。アイディアマンで、今でこそミニスーパーが流行ってますけども、あれが来るという予測の中で、小回りの利く軽車両でかつ温度管理ができる車両を作ったら売れるんじゃないかなと言って、これを開発して売っていたんです。今までにない車両で、よく売れたんです。

ただよくよくそのドライバーさんの話、つまり、お客様の話を聞いて、物流の世界の環境を目の当たりにした時に、義父が「僕は車を売って人を不幸にしてしまった」というふうに捉え、今まで関わったことのない物流業界に自ら足を踏み入れて仕事を取ってきて、車を購入されたお客様であるドライバーさんにお仕事を紹介する、ちゃんとそのドライバーの収入を上げていこうというような活動をした方です。

本当にすごい車屋さんとして儲かっているけども、それでちょっと不幸にしてしまったという話を聞いて、それをまたビジネスにしているのを知り、こんな人もいるんだとすごい感動を覚えました。それで私も協力をしたいと思いました。義父自身、本当にドライバーを助けたいという思いで24時間仕事をずっと紹介し続けてたんですけど、これではなかなかスケールしない、というところが彼の課題としてあり、そこを仕組み化してほしいという依頼を受けて、結婚する前に管制官の休みの日はほぼ毎日義父の隣でシステムを開発していたというのが、最初の義父との出会いから1年間ぐらいの出来事です。本当にそういう純粋な想い、誰かの課題を解決してあげたいという思いと、それを仕事にしてるところは凄い格好良くてずっと張り付いてましたね。

まずそれで仕組みを構築したんですが、結構ここでも学びました。当時私は24歳でしたが、「こういう仕組みを作って回せばうまく効率的にできますよ」と言ったら、文字が小さすぎるとか、全然使い方が分からないとか、私は意識して文字を大きくしてモノ作りはしたつもりなんですけど、全く使ってくれない、使えないと言われて物凄く衝撃を受けました。結局はやはり本質的にそのユーザーさんが使いたい、またはそのユーザーの立場に立ってモノ作りをしないといけないんだなという学びがそこにあったかなと思っていて、これはすごいダサいです。ダサいですけど、これが一番使いやすいんですね。現場からすると、本当に「わざとダサく作る」というような世界観なんですけども、そういったところがやはりユーザーに向き合う、お客様に向き合うところの本質かなというところは、学べたところです。

なので、皆さんも今後社会人になって仕事をする時も、やはり格好よさとか、マーケットのトレンドなどに左右されずにちゃんと顧客に向き合うというか、ユーザーになりきるというか、そういったところが仕事としての成果に結びついていくのかなというふうに思っています。こういったかたちで義父と活動したんですけども、「一緒に物流を変えよう」と急に飲んでいる時に言われて、「娘との縁が切れても、僕との縁を続けて欲しい」と本当に言った人なんです。それも結婚する前にこれを言われて、「こんなこと言う人いるのか」と思いました。というのも、私は国家公務員、国土交通省職員で、義父からすると娘の彼氏で結婚するかもしれない。結婚すると一生安泰なんですね。クビに絶対ならない国家公務員なので。ですけども、縁が切れても「物流を一緒に変えたい」と言ってくださったので、これもすぐ感動して、「はい、わかりました」と返事をし、翌月に管制官も辞めたんです。辞めたんですけど、辞めた2週間後に義父が亡くなってしまいました。私は1年間ぐらいかけて色々な仕組みを作っていたんですが、電話からの脱却がなかなかできなくて、24時間電話を受けてた状況の中では、お酒もタバコもしない人でしたので、過労死してしまったんではないかと思いました。私の力不足だなと思って決意したんですね。物流領域で彼がやりたかったことを絶対にやってやると決めて起業しました。で、遺品など整理すると、そのドライバーさんを助けたいという思いが綴られた企画、こういう未来を作っていきたいみたいなところが書いてあって、彼が成し遂げたかったことをやってやるぞ、と最初はその企画書通りにサービスを作りにいったというところが私たちの原点ですね。

4.「安く」せずに価値を「高める」取組みを

最初は軽ｔｏｗｎという名前でやってました。そこからPickGoというサービスに変えました。そういったところがきっかけになっております。それで本当に義父がやりたかったことを実現しようと、会社を設立して、仲間を集めて事業をスタートしましたが、私が高校を卒業して入った航空管制科保安大学校には同期が20名しかいないんです。なので最初の仲間探しがとても大変でした。管制官の友人と中学高校の時の同級生を呼んで会社を立ち上げたというところがスタートです。

だから皆さんも今後何が起きるか、分からないので、人との出会いというところは今後の人生にすごく活きるし、その出会いが人生を変えていくと思うので、そこを本当に大切にしてほしいと思います。

会社を立ち上げた最初数年は大変でした。少なくともドライバーからは、義父が亡くなって、「私たちの生活はどうなるんだ」というようなお話を強くいただく中で、やはり仕事を増やしていかないといけないと思って営業するんですけども、その際、荷主によく言われたのは、「他社よりも安かったら付き合う」ですね。

お客様からしたら確かにそうなのかもしれないけど、売上を上げたいからと言って、「これ安くするとどうなる？」というところはすごく考えさせられました。値下げをすると、結局、そのドライバーの価値を下げ、ドライバーに払う給料も下げないといけない。それは、もともとの「彼らの価値を上げたい」という思いとは逆行するような取組みになってしまうので、本当に吹けば吹き飛ぶような小さな会社ですが、お客様には「安くしません」と言い続けました。

なかなか売上が上がらないという難しさがこのビジネスだなと思いました。ただ、絶対に価値を上げるというところは変えたくないので、色々考えた結果、これも技術の世界になるんですが、２０１３～１４年当時、運送に従事する方々でスマホを持っている人はほぼゼロでした。ですので、彼らにまずタブレットを配って、お客様に位置情報がわかるようにしました。

皆さんからすると当たり前かもしれませんが、ドライバーの位置が見てわかる環境というのは、当時は本当に画期的で、ドライバーも自分の売上が管理できるになったり、仕事を選べるようになったり、そういった仕組みを作りました。荷物を配送して欲しいお客さんからしても、荷物がどこにあるか分かります。それも「リアルタイムで」ということを価値にしながら、やっと少し売上が上がってくるようになったところです。

皆さんもこれから活動する上で自分の価値を上げていくことを常に続けると思うんですけども、価値を下げてはならないということですね。努力することによって価値が上がっていくというところがあるのかなと思います。そういったところをきっかけにしながらスタートアップ企業を展開してきました。最初は運送会社ですね。運送会社として２０１３年から１５年末ぐらいまで運送事業をやっていました。

あと一つ、やはり売上を上げるためには世間に広く知ってもらわないといけない。ですので、この仕組みを作った時に、「こういった仕組みを作った、だからちょっと取り上げてほしいな」という下心もありながら新聞社を回りました。そこで１社が取り上げてくださった時に、初めて投資家という人たちが来てですね。「CBcloud に出資したいです」というふうに言われたんですけど、その後、「松本さんが向き合っているその世界ってドライバーさん何人いるんですか」とか、「マーケットサイズはどのくらいですか」というようなことを聞かれた時に全く知らなくて、すごく恥ずかしい思いもしたんですが、それをきっかけに色々調べるようになりました。

実際、私たちが当時向き合っていたドライバーさんは3～40人ぐらいです。先ほどお伝えしたようにこの市場には21万人もいるということに気づいて21万人全員を助けてあげたいという思いに変わって、そこからプラットフォーム構想、今のような事業形態を考えて、運送事業を一回白紙にして、売上もゼロにして、２０１６年に、今のプラットフォーム作りを行い始め、スタートアップとして生まれ変わって、資金調達しながら、今、こう伸ばしてきたというところです。

ドライバーさんたちとコミュニケーションをしながらプレスリリースの写真を一緒に撮ってみたり、本当にドライバーさんと向き合いながらこの事業を作ってきました。

５．５万人とのネットワークで物流コストを変動費化

２０２１年には約60億円の資金調達をし、今、先行投資をしながらインフラの拡大をやっています。実際

に私たちのサービスが社会にどういう価値を与えているのかも説明ができたら面白いかなと思っています。

色々な領域でサービスを展開していますが、一つ大きな事例としてあるのが物流コストの変動費化です。雨が降ったらネットスーパーの注文が多くなったりとか、年末年始はクリスマスプレゼントやおせちなどで、年間を通して見ても物流というのは急に伸びたり減ったり、波動がありますが、今まではその波動を吸収するのはドライバーさんしかいませんでした。しかし、ドライバーさんの運ぶ労働、その配送コストというのは結果的に固定費になるんですね。人件費は固定費ですが、だから今まではこの波動に合わせて車を増やしたり減らしたりすることが基本的に運送の世界ではなかなかできなかった。

毎日50人のドライバーさんが毎日同じ現場でモノを配送するというのが、物流の世界では一般的な考え方なんですが、弊社は5万人の個人事業主のドライバーさんとのネットワークがあるので、彼らの空き時間を活用できます。ですので、物流の波動に合わせて車を減らしたり増やしたりできるというところが大きな特徴です。

これによって何ができるかというと、お客様からするとコストを最適化できます。物流の量に合わせて配送のコストを変動費化できる。あとはどんなに売上や注文が伸びたとしても、運びきれるというところがすごく新しい考え方です。そうなるとお客様がCBcloudに求めるものは「安さ」ではなく、CBcloudは売上を上げてくれるパートナーだと思ってくださる。今までただの足だった運び屋が一緒に事業を作っていくパートナーだと思われるような瞬間が作れたことは、一つ価値を上げられたことだと思っています。

先ほどの大手アパレルのケースでは、これまで配送業務を固定した状態では、「新商品が出ました」「セールを打ちました」と言っても、実は届けられていなかったんですね。ですが、弊社のPickGoサービスを使うと、どんなに新商品が売れたとしても届けきれるし、コストも変動費化できるというところで使っていただいております。物量の波動がすごくあるんですよね。都内23区だけで人気商品を運ぶ量が多い時で１日４０００個、少ない時は４００個や３００個と10倍ぐらい物流の波動がある、これが全部吸収できる。コストの最適化と売上の最大化を成し遂げられるというところで、お客様から評価いただいております。

そういった物流における革命的な考え方の変化を起こしていけたらなと思っております。私たちのインフラをベースにすることによって、品質もしっかり保ちながら荷主の配送のコスト最適化と売上最大化を実現する取組みをやっております。

6．配達の「品質」と価値を高める

また、これも先ほどお話ししましたように、セブン-イレブン・ジャパンの「７ＮＯＷ」で注文された商品を届けてくれる方の中にはPickGoのドライバーもいます。セブン-イレブンさんは、配送の品質を追求したいという思いがあり、高品質な配送が可能な私たちのサービスを選んでいただきました。５万人の力があるので、色々なお客様と向き合うことができる。私たちのインフラは緊急配送をはじめ、ネットスーパーさんのものを運んだりと、色々なものを運べるインフラです。またドライバーさんの配送品質を担保する独自の評価制度を設け、高品質な配送を実現しています。

全国の店舗からのサービス実施の実現をCBcloudもセブン-イレブンさんと連携して取り組んでいこうとしております。

運ぶだけではなく、買い物の代行や、そういったところにもトライしています。ドライバーさんというと運転するだけの人として捉える方も多いと思いますが、私たちは、個人事業主のドライバーさんがたまたま車を持っていたという言い方もできると思っていて、彼らの活躍の幅を広げてあげる、その環境をつくってあげるというところが私たちの取組みです。彼らが活躍する、または社会から評価される環境をいかに作れるのか、という試みです。

ご存知の方もいるとは思いますが、エンジニアというのは昔は不人気の職業でした。理由としては大企業から「作れ」と言われたものを作らされて、それに従うしかないという点からIT土方とよく揶揄されましたが、今、彼らが表舞台に出てきています。エンジニアが世界の表舞台に出て、自らサービスを作りにいったんです。社会的評価が変わってきたと思います。ドライバーさんも今まではモノを運ばされている人たちでしたが、彼らを社会の表舞台に出してあげて、モノを運ぶだけではなくて、彼らが社会の中で活躍できる環境を作ってあげると、考え方や職業価値そのものが変わってくるかなと思いながら、今の事業に取り組んでおります。

7. 現場に立ち会い理解してプロダクトを作る

私たちのサービスはドライバーさんを大事にしてきました。ドライバーさんのために尽くして、結果的に彼らがファンになってくれて、社会に価値を還元できるというところに尽きるので、ドライバーさんの周辺の支援というのを強くやっています。例えば、業界で初めてドライバーさんに最短即日入金をしました。今は単発バイトとか色々と即金入金のサービスがあると思いますが、２０１８年に最初に私たちは最短即日入金の取組みをやりました。また、ドライバーさんに車をリースしたり、様々なドライバーさんの支援をすることで、このプラットフォームを成り立たせているというのが私たちのサービスになっています。

SmaRyu というサービスも展開しています。PickGo は配送プラットフォームサービスですが、SmaRyu はドライバーさんと運送会社さん向けの業務支援サービスで、運送の世界の環境を変えていくための取組みです。PickGo で売上を上げたり、お仕事を提供していますが、仕事がどれだけあったとしても、働く環境が悪ければ人が集まりませんし、業界人気も高まらないだろうなと思っていて、SmaRyu を作ることによって、現場環境を変えていきたいと考えています。私たちとしては、ここまでやりきって、これらの掛け算ができることで、業界全体の価値を上げられるだろうと思っています。

SmaRyu の中に、SmaRyu ポストというサービスがあります。私も実際に見て驚いた記憶があるのですが、配送員の人たちが地図を広げて1時間、２時間ぐらいの配送の順番、そのルートを練ってモノを届けに行くという環境が未だに存在しています。仕事を PickGo で供給した時に、その仕事をしに行ったらこういう環境ではなかなかしんどいし、辛いなというところもあるんで、この環境を変えていこうとしています。実際に環境にしっかり向き合おうと思ったら、もう人にくっついて聞いてプロダクトを作るというのが義父から習ったことなので、実際に私たちエンジニアも含めて皆で配送したり、現場に行きながら泥臭いサービスを作ってきたというところがあります。

ルーティングなどの技術的なところは皆さん想像がつくと思うんですが、それだけではドライバーさんを支えたことにはなりません。実際、私たちが配送してみたり、配送状況を確認してみると、結構時間をロスしてしまっている領域というのは、ルーティングルート作りなどではなくて、場所を探してしまっていることが原因の場合が多いです。配達先の家に着いたけども、その家に届ける品はどれだったかな？　とか、夜になるとそれが全く見つからなかったりとかするんですけど、荷物を積み込む順番を教えてあげたりとか、荷物を取り出す時に後ろの方にある荷物ですよと言ってあげたりとか、そういった細かいところでドライバーさんを支えることによって、ドライバーさんの生産性を上げるというような取組みをしてきました。

結果的に、大手宅配会社さんが今、私たちのサービスを使ってくれています。大きな会社になると、それこそ大手ベンダー、大手ＳＩとか、ベンダーシステムを開発してくださる方々に仕組みを作ってもらっても、やはりドライバーさん不足とか、ドライバーさんに不人気な環境というところを変えていかないといけません。大手宅配会社さんがドライバーさんに向き合ったプロダクトを採用していきたいという中で、弊社のサービスシステムを使ってモノを届けたことによって、現場環境をより良くしていくということが実現できたと思っています。

そのほか、SmaRyu エンタープライズというサービスもやっています。パッケージングされたサービスではなく、お客様の課題に合わせて、柔軟に作っていくというようなサービスを展開していて、例えばネットスーパーの基幹システムなどを作りにいっています。そこはやはり基幹システムがドライバーさんのことを考えていないとドライバーさんにとって働きやすい環境はできなくて、どうしてもそのシステムに人が合わせることになってしまう。ですから、ドライバーさんが働きやすい環境というところから逆算して仕組みを作っていくことによって、持続可能な物流現場を作ろうというような取組みをやっております。

8．信念を貫ぬき泥臭く活動することで世界が変わる

繰り返しになりますが、やはり私たちが一次情報を自らしっかりと抽出しながらでないと本当に顧客、お客様が嬉しいと思えるようなサービスは作れないので、エンジニアであっても皆で現場に行ってモノを運ぶ業務に関わって、サービスを作っていくということを心がけています。今後、私たちとしてどういった仕事をやっていきたいのか？　というところになるんですが、やはり業界全体の価値が正当に評価される仕組みを作っていきながら、運送業界全体の生産性の改善に取り組んで、事業拡大をしていくというような置き方をしていけたらと思っております。

特に、実際にドライバーさんの置かれている環境、ドライバーさんの支援というところが一番重要と考えています。例えば車が壊れてしまうと壊れただけでドライバーさんは収入を失ってしまいますので、車両メンテナンスサービスを作ったりとか、あるいは配送をする上での保険について、保険会社と一緒に取り組んで作ったりとか、国交省の協議会に参加し、業界全体で課題に向きあうなど、そういった取組みをしながらドライバーに選ばれ続けるプロダクトを提供していくというところを今、まさにやっております。

このようなミッション、ビジョンを私たちは掲げ、それにもとづき事業展開していきながら、持続可能な物流を作って社会に価値を還元していこうとしていますが、興味がある方がもしいれば採用サイトからアプローチしてもらえると、もっと込み入ったお話もできるかなと思いますので、今日の出会いをきっかけに、もし興味があればインターン等々もやっていただけるといいかなと思っております。

こうして私たちは CBcloud という会社を作ってきたわけですが、私たちが日々の活動の中で大切にして

きたことが、皆さんの今後に活きるだろうなと勝手に思いながらメッセージというかたちで纏めさせていただけたらなと思います。私たちの活動の中で変わらず重要だったのは、ドライバーさんの価値を上げるんだという信念をずっと貫く。安くして欲しいとか、色々なことを言われますが、自分が考える信念をしっかりと貫くことが結果的に大きな価値を生んだり、自分の成長を生んだりすると思っています。そこに近道はなくて、泥臭く活動することが結果的に正しい情報を掴んだり、正しい環境を生むことに繋がると思っていますので、この二つを私は大切にしていますし、皆さんが今後社会に出て自分の価値を高める活動をする中においても、大切なキーワードになるのかなと勝手ながら共有したいと思います。以上が、私から皆さんに伝えたかったことになります。

第5章

物流の不動産業とは―物流産業のユニークビジネス

株式会社シーアールイー取締役執行役員　後藤信秀氏

1．シーアールイーの事業について

皆さんこんにちは。株式会社シーアールイー（以下、ＣＲＥ）の後藤と申します。現在グループ経営企画部門というところの責任者をしておりまして、予算の策定や全社戦略の策定に携わっています。不動産管理事業本部というところの統括をしていました。２０２１年から現在のグループ経営企画部門で仕事をしています。

今日は、不動産と金融の世界にも寄り道をしながら、物流業界の問題課題について網羅的にお話しさせていただけたらなと思っております。まず、我々ＣＲＥがどんな企業かをご紹介させていただきながら、「物流不動産とは?」というところから入っていき、物流不動産と投資市場、社会の変化、我々が感じている物流業界の問題と課題、ＣＲＥのソリューション、ＣＲＥの描く未来のビジョン、という流れでお話をさせていただきたいと思っています。

最初に、当社の沿革を簡単に説明させてください。当社は、２００９年の12月設立で、そこだけ見ると比較的歴史の浅い会社ですが、事業譲渡や幾つかの合併を繰り返して複数の会社が一つになり、ＣＲＥ設立に至っています。

前身の会社の一つである天幸総建は、前の東京オリンピックの頃から物流不動産という業界に身を置いています。そこで祖業である中古型倉庫の物流施設のマスターリース業を行ってきました。この世界に身を置いておきます。

ここで、マスターリース事業について簡単に触れてさせてください。土地を持っている地主さんに倉庫を建てていただいて、それを当社が一旦借り上げて、それをテナントさんに転貸するという事業になります。当社はそこの「お借りして貸す」というところで、マージンを15％程度、オーナーさんからいただきます。その代わりに、テナントさんが入居していなくても、我々はオーナーさんに賃料をお支払いするということで成り立っているビジネスになります。

その後、２０００年台の前半くらいに開発事業に進出しています。その後２０１４年頃から不動産ファンド事業を開始しまして、２０１６年頃にはＡＳＥＡＮを中心とした海外に進出しています。２０１８年に上場ＲＥＩＴであります、ＣＲＥロジスティクスファンド投資法人を上場させました。

この頃からこの物流インフラプラットフォーム構想という事業ビジョンを掲げて、不動産の提供だけではなくて、それ以外の物流業界の課題解決をできるようになりたいということで、今現在、事業を推進しています。

このように当社の事業は大きく分けて、不動産管理事業、不動産開発、アセットマネジメントの三つになります。先ほどご紹介したマスターリース事業などの不動産管理事業と、後ほどご紹介する不動産開発投資事業を通じて作り上げた物件を軸にして、自社のＲＥＩＴを中心にアセットマネジメント事業を行っていく、というような構成になっています。

現在、全国で１６０３物件、合計１８４万坪の管理を行っています。ほぼ首都圏、ほぼ物流です。今の稼働率は97～98％ぐらいで推移しています。

北は北海道の千歳から、佐賀の鳥栖あたりまでを開発しています。この中で一番大きいものは、ロジスクエアふじみ野、これが3棟で約7万坪ぐらいの開発規模になっております。

海外はベトナムとインドネシアで現地のパートナーと一緒にジョイントベンチャー（合弁企業）を組んで開発をしています。ベトナムは10棟13万2，０００平米で、インドネシアは今2棟で4万平米やっています。ベトナムは北部のハイフォン、同じく北部のハイズオンですね。ダナンのそばのクアンガイで進めています。ハイフォンはベトナム北部の港湾都市で、物流の要所として非常に重要な拠点になっています。２０１８年だったと思いますが、ラックフェンという大型の新港ができまして、ここはタイのバンコクからベトナムのハノイ、それから中国方面この辺の南北回廊に隣接しているということもあって、我々としては非常に開発を重要視している場所になります。

インドネシアに目を移すと、ジャカルタのど真ん中なのでなかなか物流施設の開発ができません。ジャカルタを中心に放射状に、今後施設の開発を進めていきたいなというふうに考えています。このＡＳＥＡＮ地域は、人口ボーナスと言われるように、人口の増加が見込まれる元気のあるエリアですので、進出を予定する日系企業が増えているということもあって、その辺のお手伝いを我々もできたらいいかな、ということで開発しています。

2．物流不動産とは―色々な倉庫のかたち

物流不動産についてお話をいたします。まず、当社の開発していますロジスクエアというブランドの動画を見ていただきたいと思います（『LogiSquare コンセプトムービー―CREの自社開発物件「ロジスクエア」』、https://youtu.be/bMzbO-RsIvg）。物流倉庫に携わっていますので、使いやすさや雇用確保という面でワーカーさんにとっての働きやすさということを追求しながら、施設開発の方を進めています。カフェテリアやアメニティー設備の充実などにも気を配りながら進めています。施設が大きくなってくると、例えばコンビニを併設したりとか、保育園託児所を併設されているデベロッパーさんもいらっしゃいます。

当社はこのような数万坪の物流施設から小さい数百坪の小型の倉庫まで、幅広く管理や開発を行っているところが一つユニークなところです。色々な倉庫がありますので、紹介させてください。ロジスクエア狭山日高という25，000坪の倉庫ですが、スロープが各階につながっていまして、平屋使いもできるし、中で縦に使うこともできる。非常に便利な造りになっています。敷地が結構広くないとこういうスロープ設置はできませんが、シャッターがガラっと開いてトレーラーが入ってきて、後から入って荷物の搬出をして、また出て行くという倉庫になっています。

次に、我々がボックスタイプと呼んでいる倉庫ですが、先ほどの各階接車、各フロアに車が付けられるものではなくて、1階にだけ接車スペースがあります。荷物は上下搬送、中にはエレベーターや垂直搬送機と呼ばれるものがあり、それで荷物を上下させます。先程の大きな倉庫も含めてですが、大体が荷主企業さんや物流会社さんにテナントとしてお借りいただきます。

次に、小さな倉庫が出てきましたけれども、地主さんに建てていただいて、当社がマスターリースしているような倉庫です。神奈川の物件ですが、片方は平屋で250坪、もう一方は600坪で300坪の2階建てという倉庫です。当社全体で1，600棟ほど、こうした物流施設の管理をやっていますが、およそ8割の1，300棟ちょっとが、このような中小型の物流施設になっています。先程の大型の施設と比較して、テナントさんの裾野はかなり広いです。もちろん、物流会社さんもお借りいただきますし、中には営業所兼店舗などもあります。また改装してドラッグストアで使ったり、中にはテニスコートとしてレンタルしているテナントさんもいらっしゃいます。

　中小型倉庫と大型倉庫との違いを少しお話しします。賃貸借契約については、先程見ていただいた大型の施設はおおよそ定期借家契約になっています。この特徴として、更新がないんですね。つまり、３

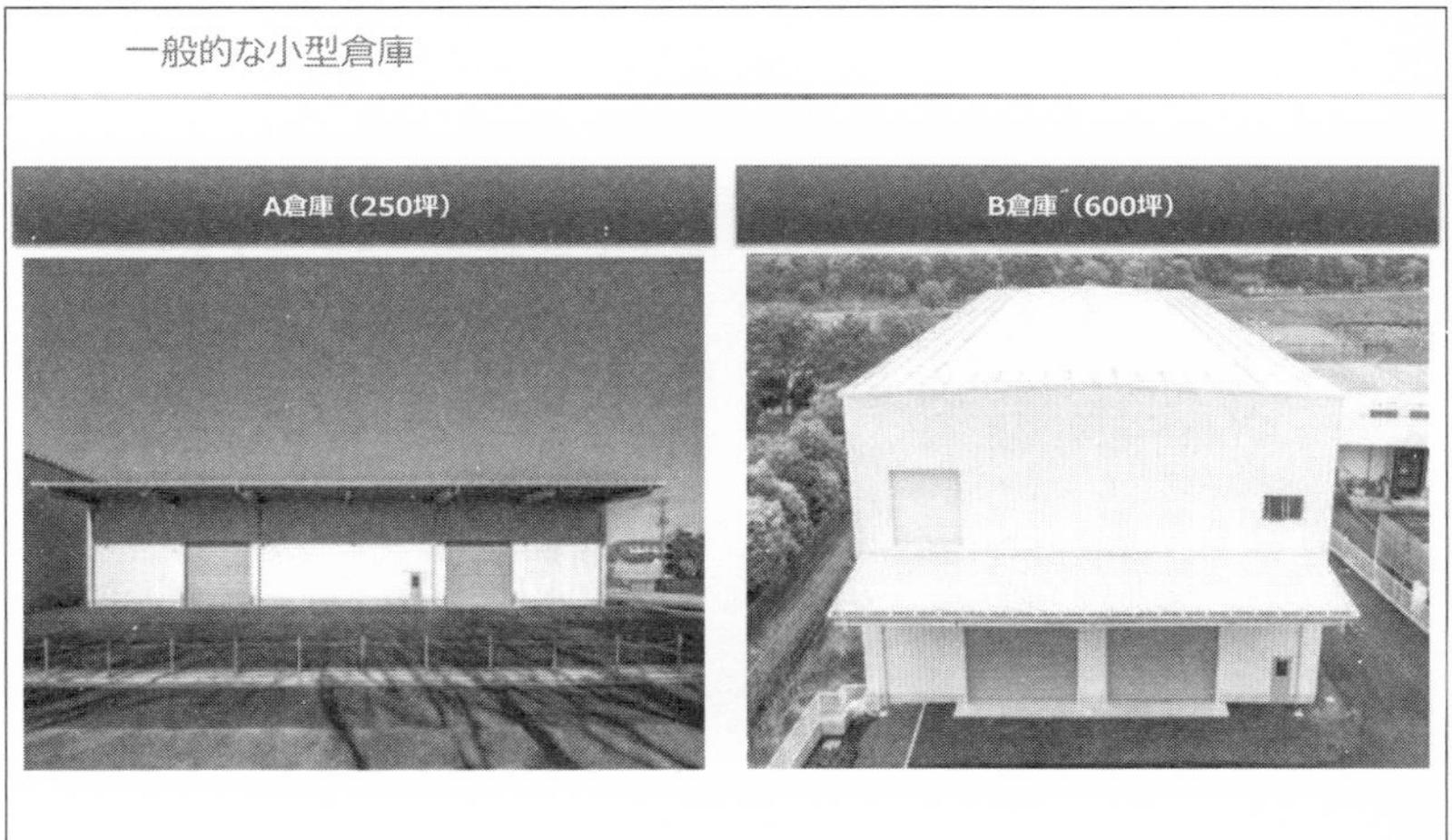

年～5年ほど借りた後、もう一回借りたいと思ったら再契約する。契約の更新ではなくて再契約する必要があります。

大型倉庫の場合はそれに加えて、おおよそ契約期間中は解約できない契約になっています。出ていってもいいんですが、出ていく際にテナントは、残期間の賃料を全部払わないといけないのです。大型施設では、それ以外の契約は見たことがありません。なぜ、そういう契約にするかというと、特に現在は、賃料の上昇局面ですので、そういった契約にしておいた方が貸している方からすると非常に有利です。再契約の時点でマーケットの賃料が上がっていれば、「坪単価を500円上げてください」というような交渉が可能となります。合意に至らなければ出ていっていただいて、新しいテナントさんを誘致するということができます。

一方で、小さな倉庫は定期借家契約してもいいのですが、一般的に普通借家契約がポピュラーです。この場合、貸している側からすると、賃料の未払いや、もうすごく古くなって建て替えの必要があるなど、正当事由がないと解約できません。一方で借りてる側からすると、通常、解約予告というのがついていて、こういった倉庫の場合、大体3～6カ月の解約予告期間をもってテナントは退去可能、という契約になっていることが多いです。今、どの大型倉庫も賃料が上昇局面ですので、中小型倉庫においても定期借家契約への切り替えを進めているところです。

それ以外の点では、当然ながら面積が大きく違います。大型の施設は最小の単位でいうと、最低でも大体700～1,000坪ぐらいでないと借りられません。ですが、この物流業界を支えているのは、やはり中小規模の事業者の方が多いので、そんなに大きな面積は要らないよ、いうところも多くなります。また、ずっと借り続けないといけない、途中で解約できず賃料を払い続けないといけないという契約もつらいという事業者さんもいて、そういう部分を中小型倉庫がフォローしています。

マスターリースというのは、利ざやをいただく代わりに空室でも賃料を保証するということで成り立つビジネスです。テナントさんに貸せるなら直接貸せばいいのに、なぜわざわざ我々に利ざやを払ってまで空室保証を望むのかというところに少し疑問に持ちませんか？ 地主さんは資産運用や相続税対策のために金融機関からお金を調達して倉庫を建てるわけです。テナントを誘致して賃料収入を得られるということですが、中小型倉庫の場合、大体テナントさんが1社です。つまり、稼働率が０か１００かです。そうすると、お金を融資する金融機関からすると「テナントが出ていったらどうするんですか？」ということで、そもそも融資がおりません。そこで我々のようなマスターリースの会社の出番なのですが、我々は、借りる場合はそのおおよその返済期間である20年間程度を我々から解約できないような契約をします。その代わりに、テナントさんからいただく賃料から少しマージンを差し引いた金額を賃料として、数カ月間もテナントさんが居ようが居まいがお支払いする、という契約を締結します。

我々が持つ１，３００超の物件は、今、おおよそ97～98％で稼働しています。もし皆さんがこの1棟を持っていたとしたら、1カ月空いたら12分の1なので、約８％稼動が下がるわけです。それが数カ月続いたり、入れ替わった時に皆さんも住宅を借りるときに仲介手数料が必要だったかと思いますが、これは倉庫でも一緒です。オーナーさんからすると、不動産会社さんがテナントさんを連れてきたら、そういうフィーも払わないといけない。あとはテナントさんが出た時の原状回復の費用も必要ですし、賃料未収のままテナントさんが潰れるかもしれない。こういったことをひっくるめて、全部のリスクを我々が担っています。これで成り立っているビジネスだというふうにご理解いただけたらと思います。

海外に目を向けると、香港では、日本では見られないような超高層の倉庫があります。香港は国土が狭いが物流倉庫が必要なので、できるだけ有効に使いたいということで、多層階の造りになります。日本だとせいぜい4階建て5階建てぐらいです。

ここからは目的別の倉庫の特徴についてお話しします。まず冷凍冷蔵倉庫のご紹介です。冷凍冷蔵だけではないのですが、温度管理が必要な商品を扱う場合があります。外気を遮断したいということで、シャッターなどが小さいですね。ここにトラックを後からつけて、できるだけ外気に触れないように荷物の搬出入ができるドックシェルターという設備を設置します。このように温度管理がしやすいような設備になっています。これが空調機です。

次は危険物倉庫です。危険物というと、物騒な感じがするかもしれませんが、意外と身近なものが危険物として取り扱われます。化粧品の類やスプレー缶といったものが危険物になります。一定の量以上を保管する場合は、こういった危険物倉庫に入れなさい、という法律があります。保管限度量が定められているのと、この中に普通の倉庫よりもより厳しい消火設備の基準が設けられていて、さらに「離隔距離」という、建物から何m以上離して建築しなさい、という決まりもあります。引火して爆発した時、被害が大きくなるので横に流す爆風の圧力を上に逃がすように屋根は、吹っ飛びやすいような構造になっています。そのため倉庫の横に圧力が行かないように作られています。

3．物流不動産の業界動向

物流不動産の供給の変遷ですが、１９９０年ぐらいが棟数、面積ともにピークでした。着工棟数２００９年頃からほぼほぼ横ばいで推移していて、２０２２年の段階で大体ピーク時の25％で推移しています。

このように床面積は減少傾向にあったんですが、昨今、大型施設の供給が進んでいますので、徐々に増えてきています。それでもピークから比較すると70％ぐらいです。こういったことが物流不動産は好調ではないかと思われている一つの要因です。これを見ると、面積が増えているけど、棟数は減っていますので、小さい倉庫は総じてあまり供給されていないということが透けて見えてきます。

要因としては市街化がどんどん進み、もともと倉庫にも適していた土地が減ってきて、倉庫を建てづらくなってきていまして、特に首都圏でその傾向が顕著です。建築費もここ10年でおよそ1・5倍から2倍、条件が悪いと2・5倍ぐらい上がっていますので、それも建てづらさの要因となり、小さい倉庫は減ってきているということになります。

自社物流倉庫を自前所有しない、というトレンドもあります。その背景になりますけれども、大きく分けると二つの理由があると考えています。

一つ目は荷主企業さんの経営環境の変化ですね。これはバブル崩壊後、減損会計の適用が法的に義務付けられるなどの流れの中で、バランスシートを圧縮する資産を売却したり、縮めようとする企業が増えました。効率的な物流の追求や顧客ニーズの多様化があって、荷主企業さんが自分たちの本業に集中するために物流行為を３ＰＬ（Third Party Logistics）に委託すると、３ＰＬの皆さんは複数の荷物を一緒に扱って大きな施設を使うという流れが出来上がったということです。

二つ目として、それを支える賃貸物流不動産の整備があります。その一つが、不動産投資市場の整備ですね。不動産証券化関連法です。１９９０年代後半～２０００年代前半で制度の整備が進みまして、投資家の裾野が広がり、物流施設を含む投資用不動産への投資額が増大しました。道路のインフラが整備されてきたということも大きいです。これに伴って物流適地、物流行為を行うのに便利な場所がまた拡大していったというところが背景としてあります。今現在でも首都圏では、外環道や圏央道の整備が進んでいますし、関西でも新名神などですね、このあたりの道路の拡張整備が今現在も進んでいます。

業界動向として、物流ディベロッパー物流として参入する企業の増加もあげられます。最初は外資系のディベロッパーが入ってきました。比較的早い段階で、日系の不動産会社も追随してきました。それが２０００年前半頃で、それから徐々に参入が続いたわけですけれども、２０１９年12月現在で、我々のカウントでは約40社くらいでした。ところが、今は75社にまで増えています。コロナ禍がありまして、商業やオフィス、ホテルなど、そういったものをやられてきた方もこの物流不動産が良いじゃないかということで、どんどん参入してきて30社以上がそこで増えました。

これまでの新規参入の流れの中で非常にシンボリックだったのが生命保険会社の参入です。生保は、年金の運用で超安定資産にしか投資をしない組織でした。生保の方々が、物流不動産を非常に安定したアセットタイプだとして認知された非常にシンボリックな参入だったと思っています。

４．投資市場としての物流不動産

ここから物流不動産、投資市場という観点で見ていきます。まず利回りというものの考え方を少し皆さんに御理解いただいてから進めた方がよいと思います。よく表面利回りとか実質利回りなどという言い方をするのですが、表面利回りというのは不動産から得られる賃料などの収入を購入金額で割った％です。実質利回りというのは、受け取った収入から保守メンテナンスのコストや修繕費、固定資産税などの税金、水道光熱費、保険料など、各種経費を引いた純収益のことで、我々はＮＯＩ（ネットオペレーティングインカム）という呼び方をしますが、この純利益を購入金額で割った％のことです。具体的な例として、不動産の価格が1億円でした。収入は５００万円でした。年間の経費が１００万円でした。すると簡単な計算では言えませんが、それぞれ５％と４％という利回りの計算になります。

開発の流れのお話をしていきます。例えば工場の跡地とか、山林や農地をまず購入します。工場跡地の場合は、場合によっては土壌汚染があったりします。また、農地や山林の場合、数万坪の敷地になると、地主さんが数十人という規模になって、合意形成が長い期間、年単位でかかったりするなど、土地を仕入れてくるだけでも非常に手間隙がかかる作業になります。そうして土地を買ってきた後に建て始めるわけですが、開発行為そのものにも都市計画上の色々な法律があります。開発行為、建築行為の許認可を取得した上で建て始めるわけです。そして、めでたく完成しましたというふうになるわけなんですが、ただ、これで完成ではなくて、テナントさんを誘致して賃料をいただくようになって、キャッシュフローを生み出すことによって初めて高収益不動産としては完成となります。

物流不動産の一つの特徴としては、そのリーシング（商業用不動産のテナント斡旋を行う業務）があります。リーシングを専業で行っているもしくは、専業とまではいかなくても扱っている会社が数えられるくらいであることです。そのため、ディベロッパーはしっかり自分でテナントさんを見つけてきて誘致するというところに力を入れます。もちろん、外部の方の力を借りることもあるんですけれども、自分たちでも頑張るというアセットになっています。

次に、開発利益についてです。我々は売却するわけですから、そこで利益を欲しいという訳です。その仕組みについてお話ししたいと思います。出来上がった収益不動産は、収益価格というもので取引されます。これはどういう計算かというと、先程少しお話に出ましたNOI＝純収益を期待利回りで割ったものです。我々が不動産を売るときに「期待利回りは何％ですか？」というようなやりとりはしないんですけれども、純収益がわかれば、その物件のキャップレート（期待利回り）が算出されます。このように、様々なマーケットの中でそういった期待利回りが形成されています。

そのNOIを期待利回りで割ったものが収益価格になります。我々からすると売値ですね。それから開発コストを引いたものが開発利益になる構造になっております。例を挙げてみますと、仮に開発コストが80億円、NOIが5億円とすると、その時に期待利回りが5％だったら、収益価格は100億円になります。100億円で作ったものを売却し、開発コストが80億円ですので、平たく言えば20億円儲かるという仕組みになっています。ただ、この期待利回りが何らかの理由でぐっと上がったとして、仮に8％に上昇した場合、同じ計算でいくと17億5，000万円、我々は損してしまうことになります。

不動産のレバレッジ効果のお話もしておきたいと思います。例えば、皆さんが100億円の現金を持っていた時に、同じようにＮＯＩが5億円の不動産を全額自己資金１００億円で買った場合、自己資本の利回りは5％です。ここで、銀行のローンを使って60億円を借り、自己資金40億円で同じ不動産を買った場合を考えてみます。今の金利は、我々の調達上で大体1％ちょっと、高いときで1・5％ぐらいかかるかなというふうに思います。ちょっと高い設定になっていますけれども、年間の利息を払ってＮＯＩは減りますが、自己資本の利回りは10・25％に上がります。これがレバレッジ効果です。

不動産ファンドについても少し解説をしておきたいと思います。不動産ファンドの仕組みは、ＳＰＣと呼ばれる不動産を所有して、分配金を出すだけの特別目的会社を使います。そのＳＰＣに不動産を持たせて、そこに金融機関などから借り入れを行い、エクイティ（株式資本、自己資本）部分を幾つかに分けて、幾つかの投資家さんに出資してくださいとお声掛けする、というのが不動産ファンドの仕組みになっています。ＳＰＣには基本的に人がいません。器としての会社なので、実務は資産運用会社に業務を委託します。俗に言うアセットマネジメントのかたちですね。なお、ＣＲＥグループでは、公募（証券取引所に上場している不動産投資信託）の場合はＣＲＥリートアドバイザーズ株式会社、私募の場合はストラテジック・パートナーズ株式会社というところがその役割を担っています。

その不動産ファンドを少し大雑把ですが分けて説明します。公募ファンド・私募ファンドは見ての通り、公に募集されているものと、私的な募集ということですね。この公募ファンドの代表的なものがJ-REIT（不動産投資信託）です。J-REIT の場合、東証に上場しておりますので、皆さんも証券会社に口座を作れば、買って配当を受け取り、そこで売却することができます。今の投資口価格が数万円から数十万円ですので、比較的投資がしやすい形になっています。運用期間は基本的に無制限です。上場していますので、売ったり買ったりできるということになっています。投資口を買った金額というのは不変ですので、配当が一定であれば、投資した利回りも一緒です。ただ、上場しているがゆえに、売却する時に株価が動きます。そこでキャピタルゲイン、もしくは、キャピタルロスが出るかもしれません。上場をしていると流動性は高いわけです。換金しやすいのですが、株価が動くので別の影響も出ます。一方で、私募ファンドは上場もしておりませんし、限られた機関投資家にのみ個別に交渉がなされて投資することができます。これは不動産の規模にもよりますが、少なくても数億、大きいものですと数十億円、ひょっとしたらもう1個桁が上がる可能性があります。運用期間は厳密に言うと、無期限のものがあるんですが、概ね大体のファンドが有期的な期間が決まっているということです。つまり、売却する時期が決まっているというものが多いです。

１９９９年以降、日銀の政策金利のゼロ金利誘導があって、ずっと下がってきましたが、２００８年にここでリーマンショックがありました。特に指摘しておきたいのは、リーマンショックの時の他のアセットとの悪化具合の比較です。物流の方がやや緩やかに見えますが、要するに物流施設のアセットの評価が徐々に高まってきていたおかげで、リーマンショックの時も悪化する幅が非常に少なかったのです。それからどんどん期待利回りは下がっています。

賃料の推移については、２０１７年以降、短いかもしれませんが、物流施設は緩やかな右肩上がりです。オフィスについては、空室率が５％を超えると東京のビジネスエリアの賃料は下がり、５％を下回ると上がると言われています。ご承知のとおり、コロナ禍があって人々は在宅するようになりオフィス需要は減りました。それからまた需要が増えてきて、今、賃料はちょっと下がっているという状況ですね。まだ改善に向かうちょっと手前ぐらいの位置にいるように思います。

また、J-REITのインプライドキャップレートですが、インプライドキャップレートというのは株価を基に算出される要求利回りのことです。J-REITの場合、投資口の価格から逆算されるJ-REITの期待利回りになります。資料は、J-REIT全体とオフィスと物流のインプライドキャップレートを表しています。

基本的にオフィスビルの方が評価されてきました。オフィスと物流のスプレッド（利回り差）を見ると、オフィスビルよりも物流の方が、期待利回りが高い状態でしたがコロナ禍以降は逆転して、物流の方がインプライドキャップレートが下まわり、２０２３年5月末現在では、未だに物流の方がオフィスよりも評価されているという状況になっています。

なお、J-REITが初めて出てきたのが２００５年になります。今現在のJ-REIT全体の資産規模は25兆円ほどとなっております。

5．社会環境の変化と物流業界への影響

ここからは、社会環境の変化についてお話しします。まず、これから生産年齢人口が減ります。10年後、２０２０年から30年の間で2,０００万人ほど減るだろうということで、政府は少子化対策の方に力を入れていますが、すぐにふえるわけではないので、物流業界のみならず、全産業的に働き手の確保というのは非常に重要な課題になっていると思います。

テクノロジーの進化も劇的です。ＩｏＴが技術により進んでデータ量が爆発的に増えました。そのデータを基にＡＩを活用すれば、色々なことができるようになりました。ロボットの技術もそれに合わせて非常に

進歩しています。政府の政策（ソサイエティ5.0）の根本にあるのは、こういったデジタル技術を初めとする高度なテクノロジーを活用して、なおかつ、そういったリソースもオープン化し、プラットフォーム化して、誰しもが使えるような形を目指したい。その上で、この社会課題の解決をして、誰も取り残さないというコンセプトです。

ＥＣ市場については、２０２１年の段階で、日本での市場規模は22兆円、ＥＣ化率は８・８％になっています。他の諸外国と比較するとまだ低いとされていますが、一説には小売の店舗網が日本は非常に充実しているとか、言語の問題として日本人がインターネットで買い物するときにどうしても日本語圏に縛られてしまうという話もあります。そういった諸説がありますが、いずれにしろ、諸外国と比較すると、ＥＣの市場というのはこれからもっと大きくなると思っています。

環境意識の高まりもあります。今、日本も含め、世界的に災害が激甚化しています。ヨーロッパを中心にＳＤＧｓやＥＳＧなどに見られるような共生環境意識が高まっています。その関連指標はＰＲＩで、責任投資原則と呼ばれるものです。機関投資家さんが署名している原則です。これは欧州の年金などの機関投資家さんが中心になって制定されたものですが、２０２１年の段階で、３，８２６の機関投資家さんがＰＲＩに署名をされています。投資家さんは企業の株式にも投資しますし、不動産にも投資しますので、投資家さんもこういう機運が高まれば、責任投資原則への対応も、どんどん波及していくのかなというふうに予想しております。

ここからは物流業界の問題です。コロナ禍の影響もあってＥＣが伸びました。宅配便が扱う年間の個数は今や約50億個になってきています。再配達や労働力の確保の問題も顕在化されてきているということですね。足元では配送キャリアさんは値上げの動きがありますし、そもそも送料無料という表示はいかがなものかというところで、そういった是正の動きも最近見られるようなってきています。

また、ドライバーのお給料と拘束時間が他の産業と比べて非常に悪いということも問題視されています。これを放置したらどうなるかというと、需給ギャップが発生します。人材の需給ギャップが21万人ほどになって、経済損失が7～10兆円になるのではないかと行政では試算しています。業界の多重下請け構造がこの問題の主因だと認識されています。荷主からの依頼は大手企業の方にどうしても集まりやすい傾向があり、大手企業に集まった仕事が二次請けの中堅企業へ、中堅企業から三次請けの小規模企業へ、と降りていくような構造になっています。降りていく度に利益は少なくなっていくので給与の格差も大きくなります。また、多重構造の上のほうにいる企業は輸送実務を下請けに任せられるので、その分のトラックとドライバーを固定費として抱える必要が無く、上に行けば行くほど固定費を変動費化していると言えるかもしれません。このような図式はどんな産業にも多かれ少なかれあると思いますが、物流業界では特に顕著だと思っております。

多頻度小口化の問題については、貨物量を１９９０年と２０１５年で比較すると、１件当たりの貨物量は0・4倍です。反面、物流件数は同じ比較をすると1・65倍になっています。つまり、多頻度小口化が進んでいるということを表しています。その結果、積載率が当然下がっており、現在、40％を切っています。

非効率、長時間労働の要因は荷待ち時間です。拘束時間がそもそも長いのですが、そのうち荷物を待っている時間が非常に多いです。そしてドライバーが荷物を運んで行き、そこで積み卸し作業をしています。個人的にはそこはちょっと切り離してあげてもいいのかなと思いますが、責任の線引きをどこに引くのかなというところもあり、この辺は業界全体で取り組んでいかないと労働時間短縮が難しいと考えています。

そしてデジタル化の遅れの問題があります。デジタル化の普及率は、他の産業と比べても運輸、郵便業が一番低いです。そこに２０２４年問題というのが出てきますが、長時間労働、低賃金という問題を解消しないといけないということで、時間外労働の規制と時間外の割増賃金の法規制が入るということです。これは労働環境改善のためにはもちろん必要な措置なんですが、さらにドライバー不足を加速させてしまうと言われています。

今は東京―関西間1泊2日の行程で行われている輸送が、そういった規制が入ると、ありとあらゆる形で分けられ、複数のドライバーで物を運ぶというふうになると思います。パターンとしては、中継拠点でトレーラーのヘッド部分を交換（スワップ）し、荷物を積み替えてしまう。こういった方法があるわけですけども、一つの事例としては、A社さんの物流が挙げられます。そこでは関東（埼玉）ＤＣ（ディストリビューションセンター：在庫型物流センター）と関西（神戸）ＤＣ間の輸送で、途中の浜松でこのスワップを使って荷物を交換するということで、日帰り運行が可能になったという事例です。

そして環境負荷の問題です。２０２１年で物流部門は1億8，５００万トンのCO_2の排出量になっています。全体的に見ても多いグループに属しているということで、２０２１年の閣議決定でCO_2の排出量の削減目標が立てられています。２０１３年比で全体として46％、運輸部門で34・8％削減しましょうという目標が立てられています。

ここから、これまでにお話した様々な問題を解決するための課題についてお話を進めていきたいと思っています。

５年に一度出される「物流大綱」というものがありまして、最新のものは２０２１年に閣議決定されたものです。基本的に技術の進歩、技術革新があり、ＳＤＧｓ対応への社会的気運が高まっています。生産年齢人口が減ってドライバー不足になります。そして災害が激甚化します。そこに加えてコロナ禍がありましたということで、物流の課題が鮮鋭化・鮮明化しました。１番目は、そのためにデジタル化や自動化、機械化、標準化、データの整備をひっくるめて物流ＤＸを進めましょうということです。２番目は労働力を確保できるように、労働環境を改善していきましょうということで、これが先ほどの２０２４年からの規制案につながっています。３番目に強靭なインフラです。災害が激甚化していますので、何があっても物流が止まらないような仕組みを何とか目指し、それに加えて環境への配慮、カーボンニュートラル、環境に優しい持続可能なインフラを目指しましょう、というふうに物流大綱は示しています。

６．物流問題解決のためのシェアリング・ソリューション

標準化問題については、リソースをオープン化してシェアリングしていこうという動きにかかわるものです。色々なものを皆で使えるようにしていきたいわけですが、紙・伝票類についてはデータの形式、荷姿などがばらばらという問題があります。こういったものを標準化していかないと生産性は上がっていきませんし、シェアリングといっても特に自動化などの足かせになってくると考えています。

そのためまずは共同配送と言われる、複数の荷主さんが１カ所に荷物を一旦集めて、混載して、積載効率を上げて、それに伴ってCO_2も削減していきましょうという取組みが進められています。このような事例

は今すごく増えていますが、象徴的な事例を三つほど出してみます。

たとえば流通大手のB社さんでは他のサプライヤーさんと共同で物を運びましょうという取り組みを始めています。コンビニ大手3社さんが北海道でやったのは共同配送の実証試験で、トラック台数、輸送距離、CO2排出量、輸送時間が有意に減少しました。食品メーカーさんと飲料メーカーさんが、違う品目同士でうまく組み合わせて効率よく運びましょうと取り組んだ例もあります。

このシェアリングの先にある世界と言われているのが、フィジカルインターネットという考え方になっています。複数の企業が保有する倉庫やトラックをシェアリングし、物流を効率的に輸送しようとする新しい物流システムの考え方です。モノ・データ、業務プロセス等の標準化及びリソースの空き状況を可視化するシステムの構築が鍵となります。

インフラをはじめとする色々なリソースをオープン化して、つまりインフラやデータを標準化し、可視化し、連携していきたいわけです。それができることによって、一つ目には、インターネット通信のように最適化され、どこかが止まっても寸断することなく、最適なルートで物が運べるようになります。二つ目には、強靱で止まらない、災害にも強い物流ができるようになります。生産性が上がり、雇用が確保できる成長産業への強化になるのではないでしょうか。また、社会課題を解決できるインフラ、買い物弱者の解消などにより社会課題を解決できるインフラとしてユニバーサルサービスになっていけるんじゃないかと、物流業界ではそのようなことをフィジカルインターネットの世界に期待しています。

DXについては、自動運転やドローンにおいては、今、規制緩和が進んで、いろいろなところで実証実験が進んでいます。ロボットやマテハン（マテリアルハンドリング）はまだ非常に高額です。ロボットは1台大体２,０００万円ぐらい、マテハンも数～数十億円とのことです。費用対効果を考えるとできるだけ長く使いたいんですが、荷主と物流会社の契約は結構短いです。長い場合もあるんですが、３年～５年くらいです。そうなると、物流会社がコストを負担するというのは、これは大分無理があります。物流会社も物流行為を委託しています。自社物流でやられている方は非常に投資しやすいですが、自社物流から外部という流れの中でいくと、物流会社側のコストが重たくなってきます。そういった意味でも荷姿の標準化がもしできれば、一旦設置したロボットやマテハンも別の倉庫に持っていっても使えます。同じ倉庫でも荷物が変わっても使えます。

ですので、少しカテゴリーに分けて全部を標準化するよりも、カテゴリーに分けてその中で、それぞれが標準化していくというふうな流れが出てくると想像しています。いずれは、今お話しした通り標準化されれば、我々のような不動産デベロッパーがそういう設備ロボットや機械を提供して、サブスクリプションの形態で月幾らで提供する、となるかもしれません。そのためには、荷主さん、物流業界、我々不動産業界で全体を見て、色々なものを考えていかないといけない状況だと思っています。デジタル化についても色々なデータをもって連携していきたいのですが、標準化が非常に課題です。中小企業が多い中では、導入コストは非常に重たいわけです。

規制緩和については、ドローンはレベル４が２０２２年12月に改定されました。自動運転の方は２０２３年４月に解禁されたことで、この辺も踏まえて実証実験が進んでいる状態になっています。政府の取組みでは新東名高速道路に２０２４年度、時速１００㎞の自動運転の新レーンを作るというふうに言われています。

サステナビリティについては、まずモーダルシフトです。環境負荷の低い輸送モードへ転換を進めましょうということで、船や鉄道などを指しているんですが、鉄道輸送については線路が増えませんので、なかなか増やすといっても限界があります。次世代車両の普及促進ではＥＶ（電気自動車）の課題は走行距離です。近場で物流行為を行うのであれば、何とか対応できるんですが、長い距離を運行しようと思うとちょっとまだ追いつけない。とはいえ、テスラさんは走行距離の長い車両を開発し終わっていると理解しています。バッテリーの供給の関係で、少し遅れているというふうにも聞いていますが、開発自体はできていると聞いています。一方で、ＦＣＶ（燃料電池自動車）があります。燃料電池車はコストの桁が1個大きく、億を超えるコストがかかる状況にあります。

環境負荷低減のためには、色々な形で積載効率を向上させていきましょうということと、環境に優しい新技術を利用していくという対応が考えられるのかなというふうに思っています。環境負荷に関して建物や所有、運用する企業等の認証制度が色々あります。

ＬＥＥＤというのは、これはグリーンビルディングジャパンさんという一般社団法人がやっている認証制度です。

ＣＡＳＢＥＥとＢＥＬＳというのは国交省が主導して一般社団法人が事務局をやっているもので、ＢＥＬＳの方は省エネ性能に特化した認証制度になっています。こちらは建物の総合環境性能を総合判定します。ＧＲＥＳＢというのは不動産を所有運用する企業等への認証制度になっていまして、これはオランダのアムステルダムにある企業…というより団体の名前と一緒になっておりまして、先ほどお話しした責任投資原則（ＰＲＩ）の発起人たちが中心になって設立したものがベースになっています。このような機関投資家さんの環境意識の高まりに対して、不動産もこういう認証をとらないと投資してもらえなくなるかもしれないということで、不動産ディベロッパーも積極的にこういった環境負荷の低い建物をつくり、またその認証をとっていこうという流れがあります。また将来的に、テナント企業もこういう環境負荷の低い施設にしか入居できないという時代が来るかもしれないと思っています。

その理由として、ＴＣＦＤという気候変動財務情報タスクフォースがあります。これは主要25カ国の中央銀行などが参加している機構ですが、２０１５年に制定された情報開示の基準が基になります。企業に対して気候変動関連リスク及び機会に関する項目―「ガバナンス」、「戦略」、「リスク管理」、「指標と目標」について開示を推奨しています。これを受けて金融庁や東京証券取引所（東証）がどのように動いているかというと、特にプライム市場上場企業には、「気候変動に関わるリスク及び収益機会、自社への事業活動や収益等に与える影響について必要なデータの収集と分析を行い、国際的に確認された開示の枠組み、またはそれと同等の枠組みにもとづく開示の質と量の充実を進めるべきである」としています。実質、義務化してきているわけですね。

７．ＣＲＥが取り組む次世代の物流世界

我々は今、物流インフラプラットフォームの事業ビジョンを掲げてサービスを進めています。物流不動産の提供だけではなく、それにまつわる色々な付帯サービスも提供して、この業界、もしくは世の中をもっと便利にしていきたいと考えています。ＣＲＥの子会社と出資先はこちらになります。標準化シェアリングや

機械化自動化、サステナビリティというふうに分類して表示していますけれども、かいつまんでご紹介していきたいと思います。

株式会社A-TRUCKは冷凍車を中心とする車両のレンタル・中古車売買をやっている会社でして、トラック所有コストを変動費化出来るよう、車両のシェアリングを進めトラックのレンタルをやっている会社になります。

株式会社はぴロジはEC事業者さん向けの倉庫のシェアリングで出荷系の連携システムの提供をしています。物流業界では色々なシステムが絡むんですね。そこのデータのやりとりを非常にシームレスにできるような中間のシステムをご提供して、そこのデータの取り込みなどをスムーズに行えるようなソリューションを提供しています。

ロジHR株式会社は倉庫のワーカーさんの採用定着、教育、それらのソリューションを提供している会社になります。

CREのソリューション
標準化・シェアリング
※ 冷凍車・ウイング車専門リース・レンタル
※ 荷主とドライバーを直接繋ぐプラットフォーム「PickGo」
※ 全国の倉庫をネットワーク化し流通網を構築
※ 物流業界に特化した人材課題の解決
機械化・自動化・デジタル化
※ クラウド型流通統合制御システム「logiec」によるシステム連携コストの極小化
※ 倉庫の自動化・省人化
※ コンサルティングおよびソリューション構築支援
※ 物流業務支援システム「SmaRyu」で業務効率化
※ 物流DX の推進
※ EC事業運営に関わる様々な課題をトータルでサポート
※ ニーズに応じて委託メニューカスタマイズ可能なフルフィルメントサービス
サステナビリティ
※ 環境に配慮した物流施設開発
※ ワンストップサービスで浄化・対策費用を軽減
※ 責任施工保証スキームと知見を活用し、不確実な土壌汚染リスクにも対応
※ 土壌汚染が内在する土地の再生
※ 再生可能エネルギーによる脱炭素化
注：講義日時点
Copyright (C) 2023 CRE, Inc. All rights reserved

倉庫も自動化標準化というところで、それを担う株式会社ＡＰＴはマテハン、どちらかというと制御系を専門とする会社です。ちょっと専門的な言葉になってしまいますが、ＷＣＳとかＷＥＳと呼ばれているような倉庫のマテハンを動かす仕組み、この制御系のところが非常に得意な会社でして、ここの活躍領域としては色々なメーカーさんのマテハンとパケ版を組み合わせて、そこをうまく動かすシステム連携を出来るというところに強みがあります。

株式会社ストラソルアーキテクトは物流センターの設計や物流効率化のコンサルティングをやっている会社です。

アセンド株式会社は運行管理系のＤＸを得意としている会社になります。

株式会社エンバイオＣエナジーは再エネの提供をしています。当社のロジスクエアはほとんど屋根に太陽光パネルが設置されています。その太陽光パネルで発電したものはその設置した倉庫で使う、自家消費と言われていますけれども、オンサイトの中で再エネを活用しています。そこのパネル自体は株式会社エンバイオＣエナジーが設置しているという流れになっていまして、将来的には、我々が管理する１，６００棟の物件全部で、この会社を通じて再エネの活用ができたらいいと考えています。

株式会社ＡＰＴが手掛けるような自動化された施設はもちろん増えてはいくと思っていますが人をまったくゼロにするのは現状ではまだ難しいので、人とロボットがうまく連携しながら働くことになると思っています。また、屋根の上ではエネルギーを発電して自分たちでその電力を利用した車両が自動運転で出てくるというような倉庫が、未来には出てくるんじゃないかと思い描きながら実現したいと事業を進めています。

第６章
アパレルの物流―ファッションビジネスと物流の位置付け

ディマンドワークス代表　齊藤孝浩氏

1．アパレル世界で在庫と向き合う

ディマンドワークスの齊藤孝浩と申します。よろしくお願いいいたします。

今日はアパレルチェーンストアの在庫リスクマネジメントとロジスティック戦略というタイトルでお話をさせていただきます。物流ということで言えば、私はどちらかというと、在庫を観点にサプライチェーンやロジスティックスというのを見てきた人間なので、そこを切り口にお話をします。

最初に自己紹介をさせていただきますと、コンサルタントとして独立して20年目になります。一応、ファッション流通コンサルタントという肩書きで仕事をさせていただいていますが、先ほど申し上げたように、アパレルの在庫の最適化という切り口でコンサルティングをしています。

また、２０２２年から明治大学商学部の特別招聘教授も拝命しております。もともと私も１９８８年に明治大学商学部を卒業しました。独立前は、最初は総合商社に就職しました。そこのアパレル部門に配属されたというところから、アパレル業界に入り込むことになりました。最初に携わったのはアパレルの生産です。国内及び海外生産です。日本のアパレル企業やアパレルチェーンのご依頼を受けて、海外でアパレルを作って納品をするために、原料をどこで調達して、どこで作って、どのように輸入してくるかという、そんな仕事をやっていました。

その後、ヨーロッパのブランドが日本に日本法人を立ち上げるというプロジェクトがあったので、そこに参加をして、今度は生産から卸売業を経験しました。独立前の5年間はアパレルチェーン、小売業です。このように、アパレルが原料から製品化されて、卸及び小売販売、店頭で販売されるところまでを事業会社で経験をしたというところが私のキャリアの中では特徴的なところになるかと思います。

その間に認識したことは、やはりアパレルのビジネスは、非常に販売期間が短いということです。春夏秋冬の季節があるので、人気商品であっても季節（約3カ月）が終わるともう売れなくなってしまいます。そのため販売期間中にしっかりと在庫を持って売り切っていかないといけない、売り切れないと、いわゆる売れ残り在庫という在庫が残ってしまうという問題が起こります。それを事業会社にいる間に痛感したので、どうしたらそれが解決できるかという課題と、小売に勤務している時、ずっと向き合っていました。その経験を元に、同じように困っていらっしゃる小売チェーン、アパレルチェーンのために色々なノウハウの提供や、人の育成などの支援をしていきたいと考えて独立したのがちょうど20年前でした。それ以来、ずっと在庫を切り口に仕事をさせていただいています。

もちろん、大学の教授の先生から学ぶことは非常に重要ですが、社会人のスピーカーの人たちが講義をしに来ます。ぜひその人が話をする話だけではなくて、その人のバックグラウンド、「こういう経歴だからこそ、こういう話をするんだな」ということを感じていただけると参考になると思います。

私はコンサルティングをやる傍ら、『ユニクロ対ＺＡＲＡ』、『アパレル・サバイバル』という本を出させていただいています。また、実は先月に『図解　アパレルゲームチェンジャー』という本を出させてもらいました。『ユニクロ対ＺＡＲＡ』は、本当にユニクロとＺＡＲＡのビジネスモデルの比較をした本です。『アパレル・サバイバル』はこれから10年、ファッション流通市場のデジタル化を背景に、循環型経済に向けてどんな流通に変わっていくかという話をしています。『図解　アパレルゲームチェンジャー』は、特にコロナ禍を契機とした社会変化の中でも成長を続けている企業を取り上げ、そういった企業がどんなビジネスモデルを取っているのかということを分析・解説した本になります。

今日の話はアパレルです。服は皆さんも毎日身につけているものですし、おそらく自分で買いに行ったりされていると思いますので、皆さんの知ってるようなブランドが登場してくると思います。そういったブランド企業がどのように在庫のリスクをマネジメントしながら、どのようなロジスティクス、物流の形を構築しているかというお話をさせていただきます。

2. アパレルビジネスには高い在庫リスクが伴う

まず、アパレルビジネスの特徴と損益についてです。どんな商品特性があって、どんなところにビジネスのリスクがあるかを最初にお話しします。まずこのスライドで伝えたいのは、いわゆる販売期間が限られているということです。春夏秋冬の四つのシーズンがあります。春物や夏物などとアパレルで言ったりすると聞いたことあると思いますが、１年間は52週間ありますので52を単純に４で割ると13という数字になります。つまり13週間です。

一つ一つのシーズンの販売期間というのは大体そのくらいだと思ってください。それぐらいしかないんです。13週間だから大体3カ月ぐらいになります。その間にお客様は新しいシーズンの商品を買い、実際に着用して、シーズンの後半に切り替わると、その服は暑いとか寒いということになって、別の次のシーズンの商品に切り替えていくわけです。それの鍵になるのが温度です。現実的には地球温暖化が進んでいるので、単純に4等分ではありません。夏が長くなってます。年間のうちの半分近くが夏の気温になっています。だから夏にどういうふうに取り組むか、あとは春や秋が短くなっているので、そういうシーズンに対してどう取り組むか、というのが業界の中の課題になっています。いずれにしても、生鮮食品のように腐るわけではありませんが、その着用期間、気温が変わってしまうと、どんなに人気だった商品でも全く売れなくなってしまう

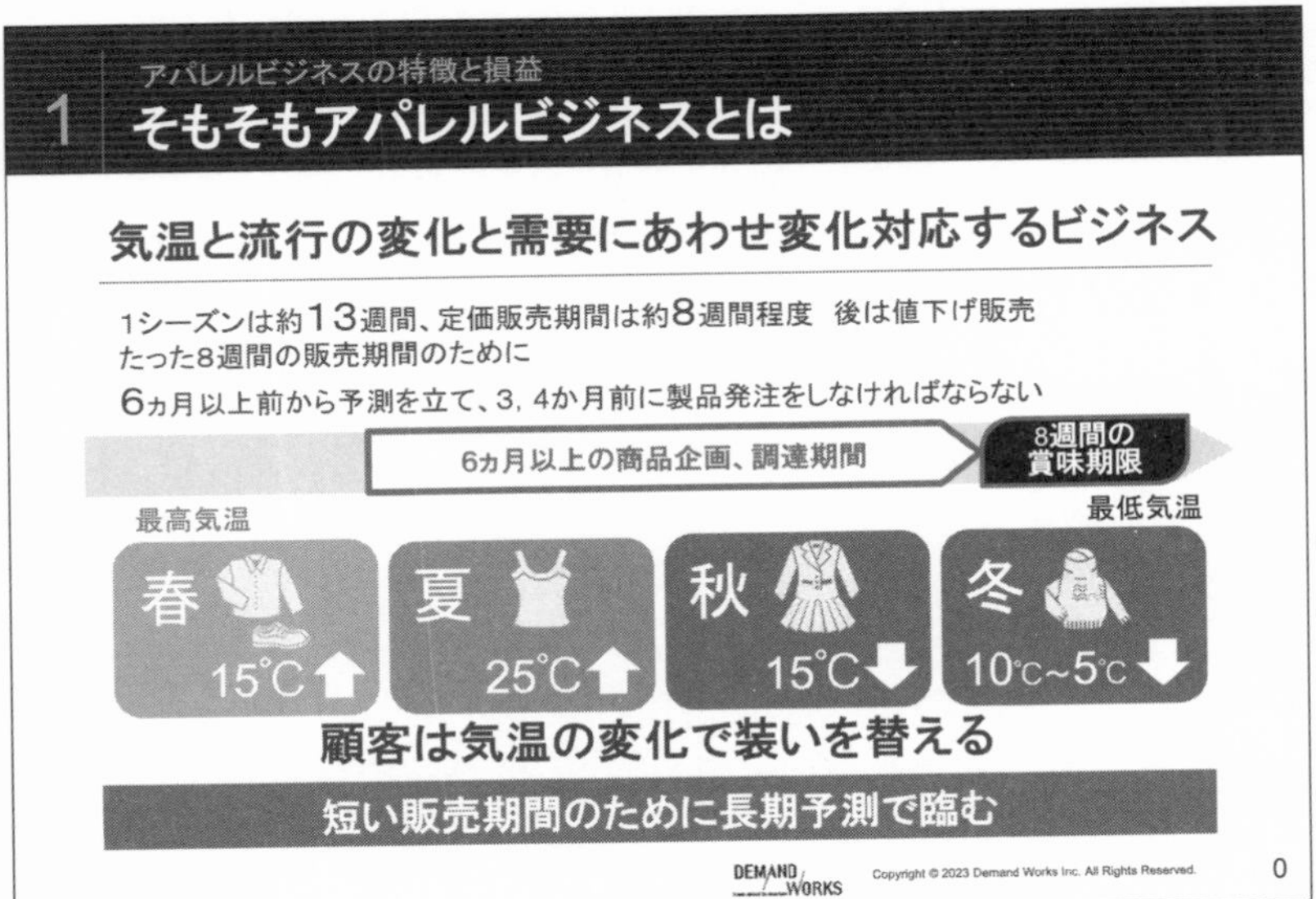

アパレルビジネスの特徴と損益
1 そもそもアパレルビジネスとは
気温と流行の変化と需要にあわせ変化対応するビジネス
1シーズンは約13週間、定価販売期間は約8週間程度　後は値下げ販売
たった8週間の販売期間のために
6ヵ月以上前から予測を立て、3，4か月前に製品発注をしなければならない
6ヵ月以上の商品企画、調達期間
8週間の賞味期限
最高気温
最低気温
春 15℃
夏 25℃
秋 15℃
冬 10℃~5℃
顧客は気温の変化で装いを替える
短い販売期間のために長期予測で臨む
DEMAND WORKS
Copyright © 2023 Demand Works Inc. All Rights Reserved.
0

という特性があります。欲しい時は皆が欲しがるので、それに対して買ってもらいたいと思い在庫いっぱい持とうとするんだけれども、ある時期を過ぎると全く売れなくなってしまう。どんな人気商品だったとしてもです。

そういう商品に対して、大体半年ぐらい前から準備をする必要があります。予測を立てて商品を揃えて実際にシーズンを迎えたら、あっという間にシーズンが終わってしまう。そういうリスクをはらんでいるビジネスであることを理解してください。

多くのアパレル企業がいわゆる需要予測にもとづく見込み計画生産から始まっています。そのため13週間分の商品を作って、シーズンの初めに店頭に並べ、それを売り切っていくというかたちになります。最初の頃は商品が豊富に揃っているので、店頭に並べ、お客様にとって選択肢が多いけれども、最初の方で大体人気商品が買われて無くなっていくので、シーズンが進めば進むほど不人気商品の割合が大きくなっていきます。だから、だんだん売れなくなってくる。そうすると、売れないけども売り切らないといけないので、バーゲンセールをやるのが特徴です。売れる商品は売れるけども売れない商品は売れ残るので大幅値下げをして売り切らないといけない。それでも売れ残るというような循環を毎シーズン繰り返しているということになります。

私も在庫のコンサルタントをやっているので、クライアント企業がどんな商品を売り残したかということを一緒に検証するところから始めます。長年の経験の中から、これから、どんなものが売れ残るかという話をさせていただきますが、皆さんはどんな商品が売れ残ると思いますか？

売れ残るということは不人気商品だったんじゃないか、企画の失敗だったんじゃないか、と思う人が多いかもしれませんが、実は意外とそういうものは少ないのです。むしろ販売力以上に作りすぎてしまった商品というのが結構多いんです。まず過剰生産、過剰仕入れをしてしまったものが売れ残っているというケースがあります。

次に、原価が高かったので販売価格も高くしたら、お客様にとってはすごく高い値段がつけられて、「そんなに高ければ買えない」と、コスパが感じられないため売れ残るケースがあります。バーゲンとか、値下げセールをすると、そこから売れ始めるというようなことはよくあるんですけれども、価格設定の問題で売れ残ったり、大幅値下げをしなければならないというケースがあります。

入荷が遅れて販売期間が短くなったことで売れ残るケースもあります。シーズン商品はただでさえ販売期間が短いので、いわゆる納期遅れが生じます。この時期までに納品してくださいと頼んでおいたのに、事情によって数週間〜1ヶ月納品が遅れてしまいました、ということはよく起こるのです。そうすると当然、販売期間が限られていて販売できる日数が短いので、その分の在庫は残ってしまいます。

また、お店を多店舗で展開していると、各店に売り逃しをしないように在庫を配分しますが、その配分の仕方に問題があって、あるお店では売り切れて、あるお店では売れ残っているというような状態が起こります。この状況を放置すると、それもまた売れ残りになってしまいます。

人気商品でも色によって売れ残るものがあります。商品やデザインそのものはすごい人気商品なのに、白とか黒とかはすぐに売り切れたのに、例えばオレンジだとか特徴のある色の商品を作りすぎてしまって、そのままそれだけが売れ残ってしまうケースがよくあります。

それから、結構多いのが、売り始めたらよく売れたので、これはもっと売れるぞと追加生産をかけたら、それが多すぎて売れ残るケースがあります。

あとは、仕事に携わっている人にとってはあるあるなんですが、売れ筋商品でも１００％完売できなかったものです。数点ずつ各店に残っているけれど、もうこれだけ売れたらいいだろう、中途半端な残り方だと、うまく売場で展開できない、ということで、お店の人たちが奥の棚にしまったり倉庫にしまったりして、売れる状態にしていなかったものが後から出てくるという話です。このようなものが実は結構残っていまして、先ほどお伝えしたように、商品そのものの企画がよくなかったというケースは少なくて、よくあるのはこういった事情なんです。

この中身を見てみると、実は商品そのものが悪かったわけではなくて、商品の生産量、仕入れ量が間違っていた、多すぎたということで、実際の売れ行き以上に仕入れ過ぎてしまったものが大量に残るケースが意外と多いのです。この業界の中ではこうしたことが起こって、それが値下げの要因になり、過剰在庫になるので、翌シーズンに損を出さなければいけない要因になってしまいます。ですので、いかにいい商品でも適量であるかってことがものすごく重要なんですね。これもなかなか予測が難しいので、皆そこで苦労しているというのが現実です。アパレルビジネスは高い在庫リスクが伴うビジネスと理解していただければと思います。

アパレル業界は参入障壁が低い業界なんです。誰もが、そんなにお金がなくても始められるビジネスなんですが、逆に言えば競争も激しい。また、うまくやる人もいれば、ミスる人たちもいるのがこの業界の特徴だと思います。

3．SPAとユニクロ・ZARAの商品特性

ここで商品特性について、ユニクロとZARAがどのようにそのリスクと向き合っているかという話をしてみたいと思います。アパレルの中には何年間かデザインを変えなくてもいいベーシックな商品もあれば、今シーズンしか着れないトレンド商品というのがあります。それによって在庫のマネジメントの仕方も違います。

ユニクロはやはりベーシック商品の商品管理に関しては世界の中でもトップクラスだと思います。トレンド商品に関しては、ZARAがトップクラスだと思います。そのため『ユニクロ対ZARA』という本を書いたということなんですよね。このベーシック商品とトレンド商品は、どんなアパレルチェーンでも共存しているのです。トレンディーに思えるブランドでも、そのお店の中にはベーシック商品があります。多くの人はベーシックとトレンド商品を組み合わせて着こなすからで、割合が違うだけで両方が共存しています。だから多くのアパレル企業がこの特性の違う二つを同時に管理しなければならないという宿命があります。

ユニクロとZARAの話に具体的に入る前に、このスライドが世界のアパレル専門店の売上高のランキングです。私は十数年来、こういうものをまとめて業界の中で発表したりしています。世界の売上高の高い順にTOP10を並べてみました。これはアパレルチェーンで、ラグジュアリーやスポーツメーカーは除外しています。この中でいくと、1位に入るのがインディテックスグループでZARAを展開しているスペインの企業です。このインディテックスグループの大体7割近くがZARAの売上です。それ以外にもブランドを持ってます。2位がH&Mです。3位がユニクロを展開しているファーストリテイリングで、4位がGAP

です。5位のプライマークは、イギリスやヨーロッパへ行くとよく見かけるチェーン店です。皆さん意外と思うかもしれませんが、日本のしまむらも10位にいます。しまむらはほとんど日本でしか展開していませんが、日本の市場が大きく、日本国内でのシェアがすごく大きいので、TOP10に入るというような状態なんです。これはGAPなどアメリカのアパレルチェーンにも言えることです。この中で、やはりなるべくして1位と3位になったZARAとユニクロだと思いますので、それらのポジションを理解してもらえればと思います。

ユニクロとZARAのビジネスモデルを語る上で、SPA（製造小売業）という重要な言葉があります。これは何の略かというと〝Specialty store retailer of Private label Apparel〟です。それを省略してSPAと言います。このようにSPAのAはアパレルなんです。

どういうビジネスモデルかというと、スライドの

参考　世界アパレル専門店企業売上高ランキング2022

順位	企業名	売上高（億円）	前年比増減率	営業利益（億円）（率）	前年比増減率	期末店舗数	EC化率
1	インディテックス（西；2023.1月期）	4兆6,019	17.5%	7,799 (16.9%)	28.9%	5,815	23.9%
2	H&M（瑞；2022.11月期）	2兆8,033	12.2%	899 (3.2%)	-53.0%	4,465	30.0%
3	ファーストリテイリング（日；2022.8月期）	2兆3,011	7.9%	2,973 (12.9%)	19.4%	3,562	16.2% 国内
4	GAP（米；2023.1月期）	2兆0,374	-6.5%	-90 (-0.4%)	-108.5%	3,352	38.0%
5	プライマーク（愛；2022.9月期）	1兆2,412	37.6%	1,219 (9.8%)	82.2%	408	0.0%
6	ルルレモン（英；2023.1月期）	1兆0,581	29.6%	1,732 (16.4%)	-0.4%	655	46.0%
7	ネクスト（英；2023.1月期）	8,731	11.4%	1,519 (17.4%)	4.7%	466	55.5%
8	ヴィクトリアズシークレット（米；2023.1月期）	7,831	-9.5%	738 (8.9%)	-34.9%	837	29.0%
9	アメリカンイーグル（米；2023.1月期）	6,510	-0.4%	322 (4.9%)	-58.2%	1,175	33.6%
10	しまむら（日；2023.2月期）	6,161	5.6%	533 (8.7%)	+7.9%	2,213	0.6%

DEMAND WORKS　　1

上に書いてあるのが昔のサプライチェーンなんです。中心にいるのはデザインをしているアパレルメーカーです。20世紀までは、メーカーが中心にいて、そのデザインにもとづいて素材を手当てして縫製工場で製造して、専門店に卸す。そこにお客様がお買い物に来るというサプライチェーンだったんですが、21世紀になるとユニクロなどの登場によって、自分たちのプライベートブランドを企画して作って、店頭で販売するというような企業が圧倒的に増えてきたというのが実態です。

つまり、メーカーが直営店を持ってＳＰＡ化をするパターンもあれば、小売業がデザインや商品企画機能を持ってＳＰＡ化する場合もあります。ここが一体化している状態です。そこにどんなメリットがあるかというと、どんなモノが売れるかというのが一番わかるのは、やはりお客様との接点のある店舗なんです。小売業の店頭では、並べた商品が売れるか、売れないが数日見ていればわかります。オンラ

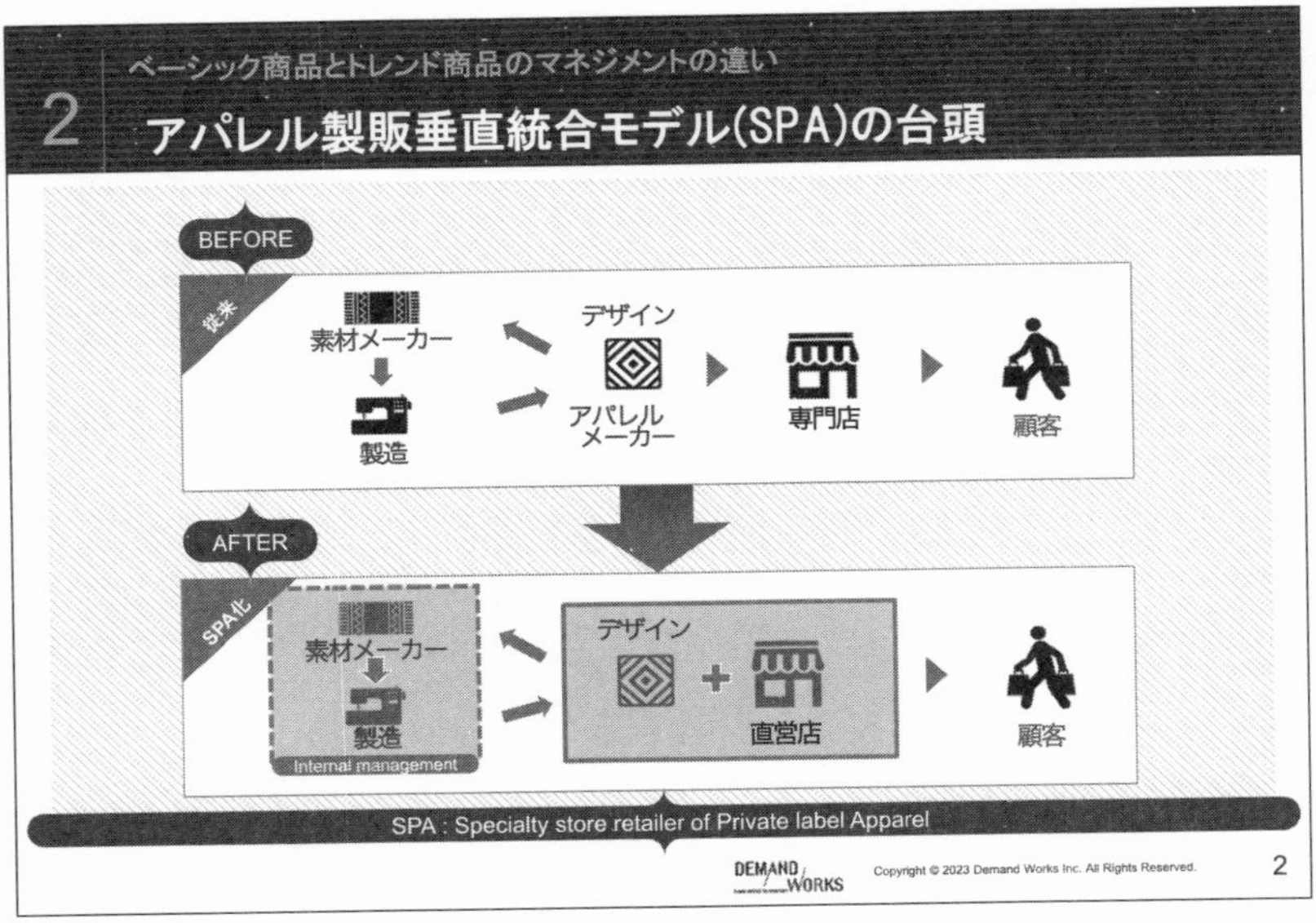

インの場合は、リアルタイムで売れるか、売れないかがすぐわかるわけです。従来のサプライチェーンですと、仕入担当者であるバイヤーがお店で「こういうのが売れているから欲しいね」と言っても、その情報がメーカーに伝わり、情報が反映された新商品が投入されるのが半年後になったりするわけです。

しかしＳＰＡのように店頭から製造までが同じ会社の中で一体化していると、半年も待たずに「今、顧客が欲しがっているものを何とか数週間後に、もっと用意できないか」と考えられるようになります。そこで、販売期間は短いけれども、どうしたら、期間内に作っていち早く店頭に並べ、お客様の需要に応えられるか、店頭で得た情報をスピード感をもって製造に生かせるような流れになってきました。このビジネスモデルのことをＳＰＡと言います。

勝ち組と言われている企業というのは、ＳＰＡのモデルを取っているケースが比較的多いように思えます。予測のつかないお客様の需要を把握し、見込み生産だけではなく、実際の需要にあわせて、作り足したり、新しい商品を提案したりして、いかにシーズンの間にお客様の気持ちに応えられるかという点に対応するためのインフラを整え、すばやく対応しているのがＳＰＡというビジネスモデルです。

ユニクロもＺＡＲＡもこういったＳＰＡのビジネスモデルをとっているんですが、実は成り立ちというか出身が違います。ユニクロの場合はもともとは小売業でした。メーカーから仕入れて販売をしていたのが１９９０年代の前半くらいまでです。もともと仕入型小売業だったのですけども、１９９０年代の中頃からは自分達の独自ブランドを開発して販売するようになり、デザイン機能を持ってサプライチェーンをコントロールし始めたのがユニクロです。

一方、ＺＡＲＡの場合、もともとは製造業で、専門店や百貨店に卸してました。ところが、自分達で直接エンドユーザーの消費者に売らないと、もしくは顧客の声を聞かないと何を作ったらいいのかわからない、自分達には未来がないということで直営店を持つことになったのです。扱い商品は違うけれども、皆さんにとっては同じようなSPAに見えているかもしれないけども、出自が違うので、やはりビジネスに対するアプローチも違います。

4. アパレル物流から見た「ベーシック」と「トレンド」の違い

まずは、ユニクロのベーシック、それからZARAのトレンドファッションの特徴について話をします。まずベーシックというのは流行に左右されないシンプルなアイテムです。多くの商品とコーディネートしやすいです。そういったものを中心に扱っているのがユニクロです。こういう商品をベーシックと呼びます。一方で、ZARAが中心に扱っているのは、トレンドファッションです。ファッションに関心のある人たちに影響を及ぼす情報には色々あります。世の中にはヨーロッパやアメリカでのいわゆるコレクションの情報もあれば、街で歩いている凄くお洒落な人たちの着こなしもあれば、メディアで取り上げられるものがあったりします。そういったものを総合させて、いかにアウター×トップス×ボトムスというコーディネートで、今年はどういう着こなしをしたらおしゃれになれるかを提案するというのがトレンドファッションになります。

それによって今日の本題である物流、物の運び方とか、サプライチェーンのマネジメントも変わってきます。それぞれ後で出てきますが、違いがあるんですよね。物流の仕方に関しても、まずはベーシックな商品に対して、お客様はどんなことを期待するかという話です。ベーシック商品はユニクロではなくても、どこに行っても売っていそうだと皆に思われるものです。そこでは低価格かつ高品質であることが重要になります。そこをユニクロは極めたからこそ、今のユニクロがあるわけです。成功のカギとしてはどこにも負けない高品質を低価格で安定的に供給するところです。それを実現するためには、いかに生産ロットを大きくして良い素材を使えるようになるか、またサプライチェーンの原料から店頭に商品が並ぶまでの間、いかにローコストでそれが運べるかということがポイントになります。

一方でトレンドファッションの場合は、先程１シーズンの販売期間が13週間とお伝えしましたが、トレンド商品はそれよりも短いものがたくさんあります。本当に２～３週間しか売れないものもあれば、もう少し長く売れるものもあります。ただシーズンという制約には左右されます。もちろん気温が変わると売れなくなります。

ファッショントレンドは変わりやすいので、腐りはしませんが、食品のように、いわゆる賞味期限があるわけです。顧客に気に入って、着用される期間が限られていて、今売れているからといって、来月売れるとは限らない。皆飽きてしまうかもしれないし、もっと安い商品が出てくるかもしれない。だから、いつまで売れるかわからないわけです。

だから短期間でいかにお客様の需要を捉えられるかがポイントになります。まずは顧客をいかに飽きさせないようにするか、いつも最新のトレンドファッションがあるお店であると期待させるかがポイントとなります。一方で、少しでも人気がありそうだと思ってたくさん作り過ぎてしまうと、先ほどの売れ残りに陥ってしまいます。ですので、何がポイントかというと、ベーシックは「できるだけローコスト」に対して、トレンドファッションはむしろ、安く作ることよりも、柔軟性とスピードを重視して「チャンスを逃さずに売り逃さない」ように作るのがポイントになります。ベーシックよりも若干高くなったとしても、チャンスを逃さないように速く作り、速く運ぶ。もしくは適量で、リスクがないように少量で作るということが必要になってきます。それでまだ売れそうだったら、少量で作り足すことが必要になってくるので、どうしてもベーシックと比べると原価は高くなります。

ベーシックはある程度長い期間売れるので、いかにたくさん安く作るかという考え方です。他方で、トレンドは多少高くても早くお客様に届けること、お客様が欲しい時、つまりホットな時に届けることが大事です。しかし多すぎると値下げの対象になるので損の要因になってしまいます。こうした大きな違いがあることを、まずは理解しておいてほしいと思います。そういったものが同じビジネスの中に共存しているという状態がアパレルビジネスの特徴です。ですから、ベーシック品の管理とトレンド品の管理の方法は切り分けて学ぶということが非常に重要になります。その際、ベーシックの管理はそれを極めたユニクロから、トレンドファッションの管理は同様にＺＡＲＡから学ぶことが近道だと考えます。

5．ユニクロとＺＡＲＡの在庫リスクマネジメント

まずは、ユニクロはどのように在庫リスクのマネジメントをしているかという話をします。ユニクロもベーシックなので、まずは、見込みの計画生産が中心になります。しかし彼らが従来型のアパレル企業と決定的に違うところがあるのです。それは計画の緻密さにあります。どういうふうに緻密なのかですが、基本

的には、作ったものをいかにシーズン中に売り切るのかを考えているのがユニクロのビジネスモデルです。ただし、その作ったものをど～んと用意して、あとはもうとにかくたたき売る、という話ではありません。

緻密というのは、たとえ数カ月分の商品を作るにしても、それらの計画は全部1週間あたりの計画の積み上げでできており、週次で動向を管理しているという点です。多くの会社はシーズン単位や、せいぜい月単位で管理をしています。ユニクロの場合は、たくさん作るにしても、第1週目はこれだけ、第2週目はこれだけ、第3週目はこれだけというような計画を立てて、それらの合計で生産をしています。

そういった細かい単位で計画を立てることにどのようなメリットがあるのでしょうか。実際に売り始めた時に1週目の販売計画というのがあるわけです。例えば、ある商品を1週間で1万枚売ろうと思っていたとします。で、実際に売ってみたら8，000枚しか売れなかったとすると、その計画と実績とのギャップがマイナス2，000枚であるということもわかります。今の段階でどれぐらい計画と実績しているのかが、週という細かい単位でわかります。細かい単位で分かるので、早くアクションを取ることができます。

基本的には計画通り売れなかったものは、皆さんも多分ユニクロの店頭で見ていると思いますが、期間限定値下げをやります。そうすると少し価格が下がったからということで買う人が増えます。買う人が増えれば、前週の計画に対するマイナス分が翌週に取り戻せます。値下げによる上乗せ分によって、売上数が当初の計画通りまで取り戻せたら、元の値段に戻します。ユニクロはこうしたことを繰り返しています。

一方で計画以上に売れてしまった場合、例えば1万枚を売ろうと思ったら。1万2，000枚売れてしまったら、おそらく先々在庫が2，000枚足りなくなるだろうとわかります。その場合には週単位で追加生産をかけます。商品そのものというよりは、例えばジャケットだったら、このジャケットのネイビー色の

Lサイズというような細かい単位で追加をかけていくのです。本当に必要なものだけ追加をかけていくというやり方をします。先ほど説明したように「人気なものは売り切れ、不人気なものは残る」というのが従来の会社の在庫の中身だったわけですが、ユニクロの場合は、計画よりマイナスのものは、早く計画通りに売れるように在庫を売り減らす、足りなかったものは作り足すことによって、シーズンが進むほど、在庫の中身を需要に合わせて整え直していきます。過剰だったものは、売り切って早期に減らし、足りなかったものは作り足していくので、常に需要に合わせて、過剰も過小もない在庫を持っているという状態を保てるのです。

期間限定値下げは値下げばかりしていると思われるかもしれませんが、本格的な値下げではありません。一般のバーゲンに比べると、それほど大きな割引ではないと思います。わずかな値下げで計画軌道を取り戻して、需要に合わせて在庫の中身を整え直していくのがユニークな特徴なので、シーズンの中盤から後半になると、顧客の需要に合った在庫の中身になっていき、売り逃しをしないとか、過剰在庫を持たないという状態を保っていくわけです。それが、なぜ他の企業よりも売り逃しをせずに売上をしっかりと確保できているのかという裏側にある話です。

このやり方はベーシック商品を扱っている企業にとっては、ベストプラクティスの一つというふうに言われています。これを徹底的に繰り返しているのがユニクロになります。

一方、ZARAの場合はトレンドファッションを中心に扱っているので、作ったものを売り切るというユニクロスタイルに対して、売れるものを作り出すという考え方でやっています。そのため、需要がどのように変わるかがわからないのでリスクがあります。したがって、ZARAは1シーズンが13週間あるとしても

13週間分は作らず、大体4分の1の3週間分しか作りません。4分の1だけはリスクを取りながら、商品を店頭に並べてみて顧客の反応を見ようとします。その反応を見ながらどんなものが売れるか、売れないかというのを確認しながら作り出していきます。売れた場合、残り期間分のやはり次の3週分を早く作り足せるように、あまりアウトソーシングせず自社内でいわゆる内製化をして企画から生産までをコントロールしながらスピーディーに対応しているのです。自社で内製化するのはコストがかかります。アウトソーシングした方がある程度コストは低減できますが、彼らにとって重要なのは少量をスピーディーに作り出せるための仕組みなので、そこに対してお金を投資してインフラを整えているのです。

繰り返しますが、シーズン中で本当にリスクを取っているのは最初の3週間分だけです。それ以降は3週間分ずつ作り出していきますが、それは顧客の反応を見た上で作っているものなので、精度はかなり高いです。先ほど、従来の会社ではシーズンの初めには人気商品の在庫があるけれども人気商品が売り切れて後半になると不人気商品の在庫が多くなると言いました。しかし、ザラの場合はシーズンが進めば進むほど、在庫の中身が需要に合った商品に変わっていくという特徴があり、したがって売上が伸びていく傾向にあります。ここまで、ベーシックとトレンドファッションの違いをお話ししましたが、実はユニクロとＺＡＲＡにはアパレルビジネスに対するリスクマネジメントという観点で共通しているところもあるのです。

原料から洋服ができるまでの流れについては、原材料がまず糸になります。アパレルの場合は糸を編んだり織ったりして生地になります。生地の状態です。それを染めて色をつけます。色をつけた生地を型紙にあわせて裁断して、縫い合わせて、製品にして店頭に並べるという流れになります。

原料から製品になるまでの工程間にもそれぞれ特徴の違いがあります。まず、在庫のリスクという観点でいくと、原料に近ければ近いほど在庫のリスクは少ないです。一方、製品になってしまうと、在庫リスクが最大化します。製品になってしまうと、例えば赤のMサイズのTシャツという製品になってしまうと、それを望んでいる人にしか売れません。ところが、原料に近ければ近いほど、他の商品にすることができるわけです。白にも作れるし、黒にも作れる、もしくは別のデザインの商品を作ることもできます。

ですから、製品になってしまうと大きなリスクが生じますが、例えば途中の段階である染める前の生地の状態の場合、他の色に染め直したりすることができ、他の製品にすることもできるので、需要に合ったものを作ればいいという話なんです。

一方で、製造にかかる時間＝リードタイムは、原料に近ければ近いほど長くなります。製品に近づくほどあまり時間がかからないのです。この特性を理解したら、リスクが小さくて時間がかかるものであれば、早めに、ゆっくりスタートしておけばいいわけです。つまり、素材開発だけは早めにスタートしておいて、まずは、これだけは売れるだろう、と思われる、必要な分だけは製品化しておく。それ以外は製品化する前の生地の状態などで準備をしておいて、顧客の店頭での需要がわかったら、そこから何を作ればよいかを判断して作ることによって、製品リスクをいかに軽減するかを考えます。

したがって、製品化してしまう割合と生地で置いておく割合というのを決めて、実際の需要を見てから製品化するということをユニクロもZARAも共通してやっています。ただ、そこには少し違いがあって、ユニクロは同じ商品を追加生産するという考え方なんです。同じ商品で追加生産の必要な色・必要なサイズを作り出します。ZARAの場合は、素材は用意しておくけれども、全く同じ商品は作らないのです。顧客の反応を見て改良版を作り出していく。用意しておいた素材という制約の中で、どんなデザインを作り足したら顧客の反応を得られるかをデザイナー達は考えて、シーズン中に作り出していくという特徴があります。こうした運用の仕方は違いますが、アパレルビジネスにおける原料から製品にまでの間のリスクマネジメントという意味では、ユニクロとＺＡＲＡは同じ考え方に基づいてやっています。実は、これはもともと、日本の自動車業界から１９８０年代に学んだことなのです。そんな日本の自動車業界から学んだようなノウハウを、日本のアパレル業界があまり使っていないという現実があったりします。

６．内製化でサプライチェーンのボトルネックを解消

さて、今度はユニクロとＺＡＲＡの出店戦略、サプライチェーンやロジスティクスの違いについてお話しします。ユニクロ、Ｈ＆ＭやＧＡＰに共通していることですが、低賃金の国で作って経済大国に集中出店して販売するという特徴があります。ユニクロの場合は、まずは中国で作って日本で売ることから始まりました。今は中国やベトナムで作って中国で出店をして伸ばしていますよね。こうしたかたちで人件費が安い国でローコストで作って経済大国に売るというのがこれらの企業の特徴になります。

一方で、ＺＡＲＡの本社はスペインにありますが、目の行き届く近隣の国で作って、世界中に売ります。同社はグローバルに出店をするという特徴があります。トレンドファッションなので、原価が高かったとしても、できるだけ早く小ロットで作りたいので目の行き届くところで作りたいのです。またトレンドファッションを扱っているＺＡＲＡの場合、本国であるスペイン以外、一つの国に深く入り込むということをあまりしていません。どちらかというと、トレンドファッションに関心のある方々というのは、各国の都心部に

います。できるだけ世界各国の都心部にいかに出店をするかというのがポイントになります。どこでモノを作るか、どこにどういう出店をするかという違いが出てきます。

作った商品をどのように運ぶかというところにも特徴の違いがあります。ユニクロはコストパフォーマンスを重視しています。原料は良いものを使うものの、いかにローコストで作って店頭に並べるかというのがポイントになるので、ローコスト物流を行います。具体的には海運や陸運が中心です。いかにコストをかけずに商品を作り店頭に運んでくるかを目指して設計されています。それに対してZARAの場合は、超スピード重視です。空輸を用いますが、お金はかかってでもチャンスを逃さないように運ぶという考え方なのです。もしくは大量に運ぶよりも少量で速くお客様に届けて、需要以上に運んだり、届けないように、いわゆる小ロットでいかに早く運ぶかを目指します。

小ロットかつスピーディーに運ぶとお金がかかります。お金がかかってでも、いかに定価のまま値下げをせずに売り切ることができるかを考えています。なぜならば値下げによる利益減が大きいからです。バーゲンセールと言うといきなり30%オフになっていたりしませんか。しかし、30%という大きな値下げよりも、空輸代だとか小ロット配送にかかるコストのほうが全然安いのです。そうであれば早く運んで定価で売れる方が得だということになります。ということでZARAは超スピード空輸で世界中に、スペインの近くは陸送で運んでますけれども、陸送で運べないようなところは、空輸で運んでいます。そんな扱い商品が違うからこそ、出店も物流も違ってくるわけです。

ここで、ZARAが「速く作って速く届けるためのサプライチェーン」を実現するために、従来、サプライチェーンの中にはどのようなボトルネックがあるかのお話しをします。ボトルネックとは、流れが滞ってしまったり、モノが滞留してしまうようなポイントのことを言います。そこに対してＺＡＲＡがどのように取り組んでいるかについて話をしていきます。スピードを高めるためには、コストがかかったとしても、いかに滞留をなくすかということがポイントになります。

　これはアパレルのサプライチェーンをアイコン化させたものですが、まず設計段階があります。デザインして型紙を作ってサンプル試作品を作ります。グレーディングは、例えばＭサイズで試作品を作る場合、ＳＳからＸＬまで要るとなったら、Ｍサイズの試作品の型紙サイズを変えて、ＳＳのサイズに縮小させたりＸＬに拡大させたりします。そういう行為をグレーディングといいます。それが終わってからようやく生地が裁断できるようになります。あとは素材の調達の流れがあります。また表の生地だけではなくてボタンや裏地、そういう付属品というのがあります。実際、それらが全部揃った段階で裁断

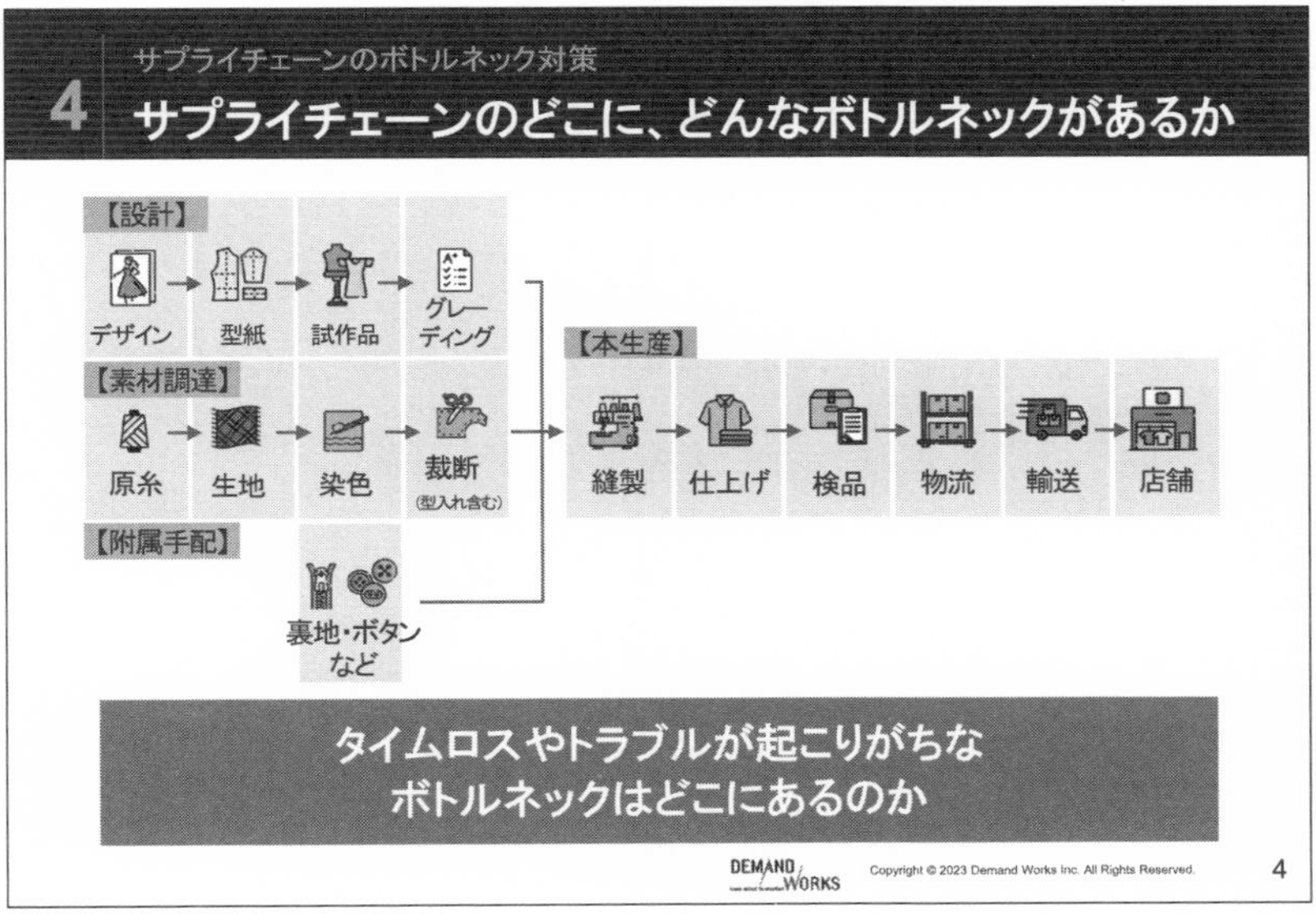

をして、縫い合わせて、アイロンがけをします。そうして商品化されたものが輸送されて店頭に並ぶまでがサプライチェーンです。要は、いろいろな人たちがバトンタッチ式にやっていくので、それぞれの工程を外部に頼んだりします。結局、企業対企業なので予定より遅らせたらいけないということで、皆が納期のサバ読みをし始めます。それが積み重なって、より長くなっていきます。実際のリードタイムは、ＺＡＲＡの場合にはそれをいかに最短化させるかを考えて、ポイントになるところをいかに自分たちでやっつけてしまうかということを考えています。このタイムロスやトラブルが起こりがちなボトルネックはどこにあるのかを考えます。どんなところに問題が起こる可能性があるのか？　私自身もかつて生産に携わっていましたが、現在、生産に携わる様々な人たちに改めてヒアリングして、資料としてまとめました。

一つ目は、試作品を作るところで滞ることがあり

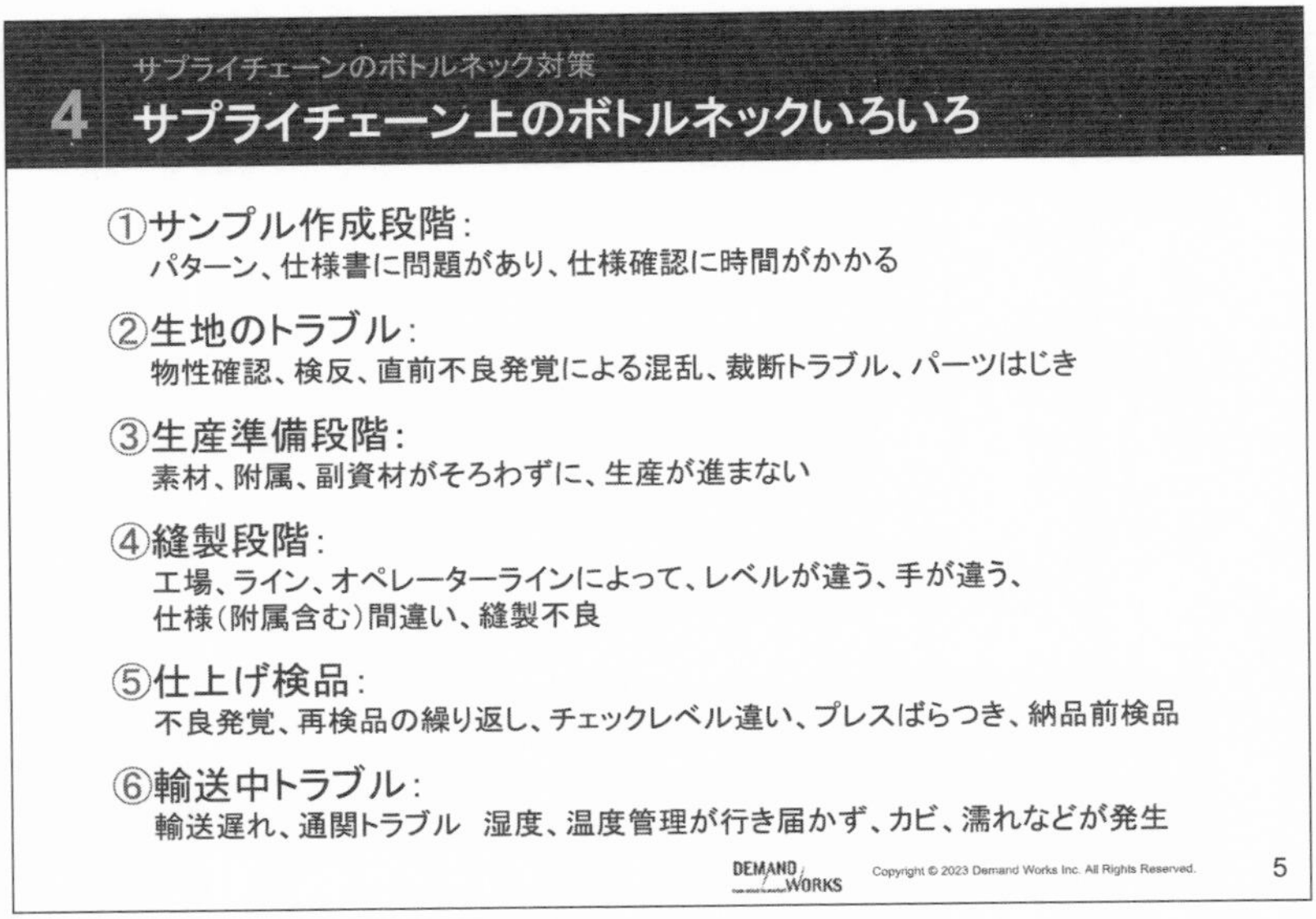

4
サプライチェーンのボトルネック対策
サプライチェーン上のボトルネックいろいろ
①サンプル作成段階：
パターン、仕様書に問題があり、仕様確認に時間がかかる
②生地のトラブル：
物性確認、検反、直前不良発覚による混乱、裁断トラブル、パーツはじき
③生産準備段階：
素材、附属、副資材がそろわずに、生産が進まない
④縫製段階：
工場、ライン、オペレーターラインによって、レベルが違う、手が違う、
仕様（附属含む）間違い、縫製不良
⑤仕上げ検品：
不良発覚、再検品の繰り返し、チェックレベル違い、プレスばらつき、納品前検品
⑥輸送中トラブル：
輸送遅れ、通関トラブル　湿度、温度管理が行き届かず、カビ、濡れなどが発生
DEMAND WORKS
Copyright © 2023 Demand Works Inc. All Rights Reserved.
5

ます。納得いくものが上がらないとか、確認するのに時間がかかるというところです。二つ目は、いざ作り始めようと思って生地を開けたところです。生地が不良品でしたということになると、その後の計画が全部だめになってしまうわけです。三つ目は、生地はあるんだけども、付属品などすべて揃わないと作り始められないのです。いかに準備を同時に進められるかがポイントになります。四つ目は、アパレルは他の産業と違って機械ではなく、人が縫っている労働集約産業です。ミシンは使っているけれど、実際に縫っているのは人です。これはなかなか機械化が難しい。世界的にも難しいです。人がやっていることなので、バラつきが起こります。五つ目は、縫い上がり、出荷前に検品します。その最中に不良品が発覚すれば少し待てよということで止まってしまいます。あとは輸送中にもトラブルが起こります。特に今、東南アジアやバングラデシュなどの遠いところで生産することが増えていますが、そこから持ってくる場合、暑いところを長い期間、海上で運ぶわけです。生産地から国内に持ってきたときに開けてみたら湿っていたりとか、カビが生えてたとか、そういうことが起こることもあり得ます。そういう輸送中のトラブルも起こる。

このように、サプライチェーンの中でも色々なところにボトルネックがあり、スムーズに流れない。こういったところを明らかにしてＺＡＲＡはどういうところを自分たちでマネジメントしたらそこで滞らないように済むかを考えて来ました。

実際、多くの会社は、デザインと販売の部分以外は、結構アウトソーシングするのですが、ＺＡＲＡはどこを内製化すればよいかを考えました。まずは、設計段階のデザインや見本作成まで、製造段階では、生地の裁断で、また付属品の手配も全部自分たちでやろうと考えました。一方、縫製＝アッセンブルという工程に関してはアウトソーシングしています。ＺＡＲＡの場合はただアッセンブルしたあと戻ってきたものは、その後、全部自分たちで管理してます。自分たちで検品して、補修が必要だったら工場に返さず、自分たちで補修する。それから自分たちで物流網を組んで、商品が店頭に着くところまで全部自分たちでマネジメントします。飛行機だけはチャーターしてますが、管理は全部自分たちでやってるんですね。

ということで、まさしく業界関係者がボトルネックと認めたところ、縫製のところ以外は全部自分たちで内製化することによって、滞留が起こらないようにしてきたっていうのがZARAの特徴です。特にデザイン、試作品を作る工程は重要で、そこには、彼らの「付加価値が差別化につながる」という考えがあります。また、物流を中心にスケーラビリティが追求できるところに投資しています。スケーラビリティというのは、数が増えるほど、1個当たりの単価が下がっていくもののことを言います。機械化、自動化、IT化によって効率化が図れる工程やインフラ設備については自分たちで投資をして自分たちでマネジメントしようという考え方なのです。これらを内製化して、拡大投資することによって、更に磨きをかけていく。顧客が望むものをタイムリーに遅滞なく店頭に届けるという物流をひいているわけなのです。

7．ZARAのスピーディーなサプライチェーン戦略

2014年にスペインのZARAの本社を見に行った時の写真をお見せしながら、サプライチェーンマネジメントについてお話をしたいなと思います。

まずデザインルームです。通常、多くのデザイナーは机の上で来シーズンのことを考えてます。一方、ZARAのデザインルームの横には世界の店舗の状態を再現したショールームがありまして、それを見ながら

シーズン中に作り足す商品をデザインをするのがZARAのデザイナーの役目なんですね。ということは、今、店頭にどんな商品が、どんなふうに並んでいるのかという情報がとても大事です。なぜならば、その商品と相性の良い商品を作り足してあげないといけないということで、それを見ながらデザインをしているというのが、まず他のアパレル企業と全く違う役目なのです。他のアパレル企業は来シーズンのことを考えてます。机の上でデザインしてます。ところがZARAでは、世界の店舗の状況と同じもの、つまり、デザイナーが、店舗を訪れるお客様が見ているものと同じものを見ながら、そこに何を新商品として入れればいいかを、なおかつ用意してある素材を使うという制約の中でデザインを行っています。これがZARAのデザイン現場の一つの特徴です。

そして、こういうものを作りたいと思ったら、同じフロアにパターンナーやサンプルメーカーがいるので、すぐ試作品を作ってくれます。作ってくれた試作品を着てくれるフィッティングモデルまで常駐しています。この方、ZARAのMサイズの体型を維持されているフィッティングモデルだそうです。この「体型が変わらない」ということがすごく重要です。この場で実際に試作品を作って確認までできるのです。確認できたらもうすぐに量産ということで、先ほど言ったグレーディングや型入れという作業は、同じフロアで、パソコンで行われます。型入れとは、生地の中にいろいろなサイズの型紙を当て込んで、どういうふうに裁断をしていったらいいかをコンピューター（CAD）で行う仕事です。その指示を受けて生地を自動裁断機で裁断します（CAM）。ZARAの本社1階には、倉庫があり、自動裁断機があり、生地も備蓄されているんです。裁断したものを、ボタンなど、いろいろなものをまとめてセットする作業を行います。

そうすると、サンプルも一緒に送ってあげることで、どこに持っていっても縫製ができる準備が整います。それらを、どこに持っていって縫っているかというと、インディテックスの本社はスペインの北西にありますが、スペイン、ポルトガル、モロッコという自国もしくは隣の国です。そこで縫製をしてもらって持ち帰ってくるということをやってました。そして規模の拡大に伴ってトルコをその範囲に入れました。トルコは実は4200キロも離れていて、東京―ベトナムのホーチミンぐらい離れています。そんなところを近隣国と言えるのかと疑問が出ると思います。ところが、彼らにとっては近隣国扱いなのです。

なぜそんなことができるかというと、彼らが持っている物流網があるのです。空輸でジャンボジェット機をチャーターして動脈物流を組んで、そこからまた別の空港に分かれていくような定期ルートを自分たちで組んでいます。飛行機をチャーターすることによって、動脈ルートの一つがイスタンブールというトルコを経由して最終的に日本の大阪のＫＩＸに届く便があります。それは週に2回飛んでいます。1週間に行き2回、帰り2回飛んでいるんですね。それがトルコを経由して行くので、飛行機に乗せてそのパーツを届けて帰り便で出来上がったものを持ち帰ってくるということをやっています。こんな芸当は、なかなかこれぐらいの規模にならないとできません。そんなルート便の中にせっかく飛行機を飛ばすんだから空にしないで、できるだけ積めるものは積んで持って帰ってこようとか、そういう発想がすごく強いんです。

持って帰ってきたものは自分たちで検品をして、直さなくてはいけないものは自分たちで補修したりします。多くの企業では不良品が発覚すると工場に戻します。大体サプライヤーに直させるのです。しかし、スピードを重視するＺＡＲＡはそんなのは待っていられません。ＺＡＲＡの場合は自分たちで直してから、あとはお店別に全部梱包するわけですが、その過程において、お店で付ける商品タグや防犯管理タグも全部倉庫でつけてお店では手間がかからない状態にします。店舗ごとにパッキングして、自動倉庫から発送されるということをやってます。ブランドごとに違うところに倉庫がありますが、最終的にはザラゴザというところに全ブランドの商品が集まって、そこから世界に対して週2回、飛行機を飛ばしてドアツードアでお店に届けています。地球の裏側でも48時間以内に届けてしまうんです。

確実に届けるのは彼らにとって重要なことです。週に2回、必ず新商品のリリース曜日というのがあるんですよ。どのお店でもその曜日を絶対外さないように確実に届けることを彼らは死守しています。先もお伝えしたように、シーズン販売の1／4＝25％だけ先に作って、あとはどんな商品を作り出すかという情報を集める。その後は顧客がこんな商品を望んでいるのではないかという情報を、各国の店舗から、エリアマネージャーという人たちが吸い上げて、スペインの本社にいるプロダクトマネージャーという各国担当に週に2回伝えます。このプロダクトマネージャーも、かつてはその国の店頭

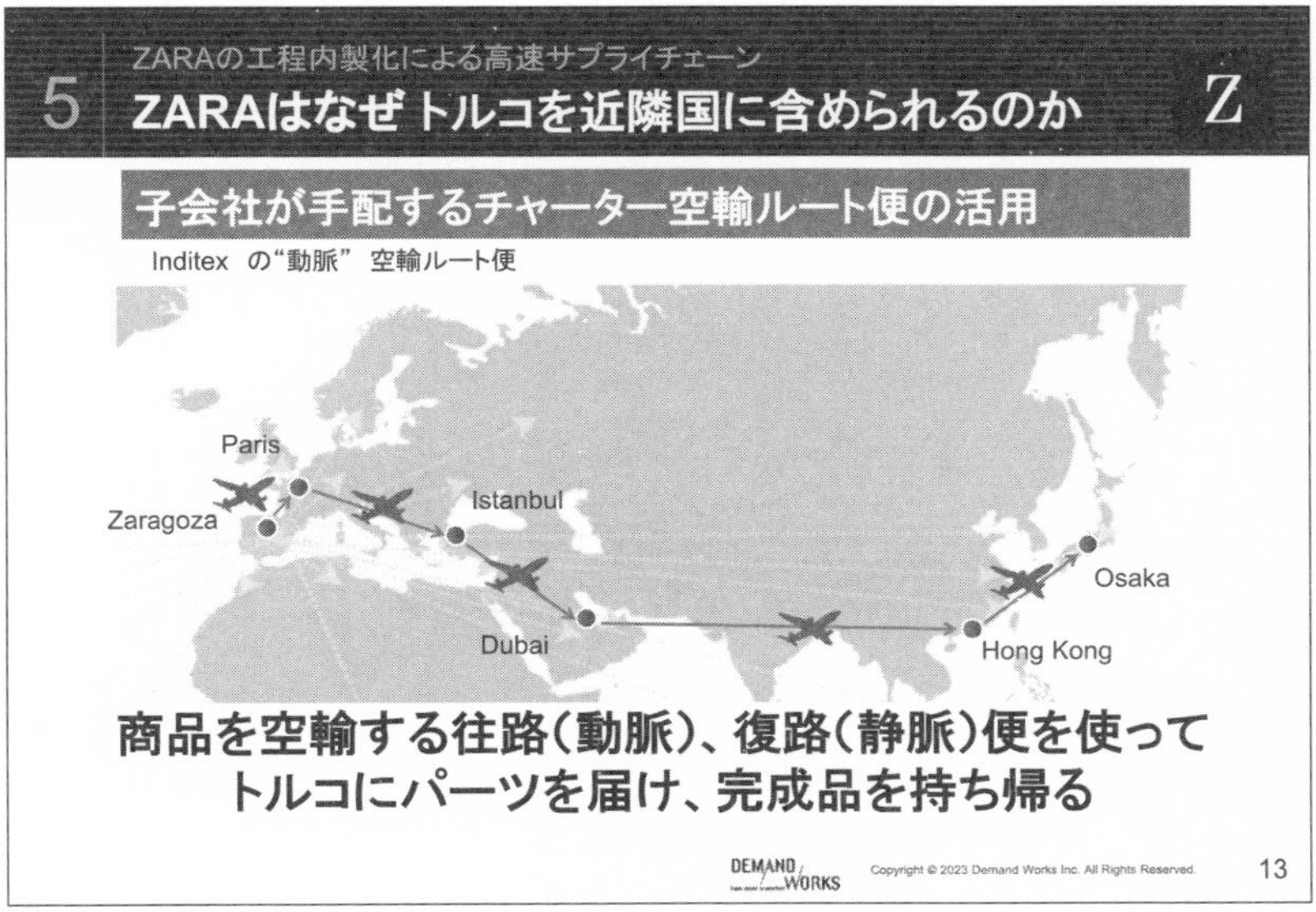
5
ZARAの工程内製化による高速サプライチェーン
ZARAはなぜ トルコを近隣国に含められるのか
Z
子会社が手配するチャーター空輸ルート便の活用
Inditex の“動脈” 空輸ルート便
Paris
Zaragoza
Istanbul
Dubai
Hong Kong
Osaka
商品を空輸する往路（動脈）、復路（静脈）便を使って
トルコにパーツを届け、完成品を持ち帰る
DEMAND WORKS
Copyright © 2023 Demand Works Inc. All Rights Reserved.
13

で働いていた。つまり、お店の状況やその国の顧客特性をよく知っている人が、スペインの本部に呼ばれて「あなたがその国の担当になってください」ということでやっているいわゆる品揃え担当者です。その人のところに情報が入るわけですけれども、入ってきたら世界各国のプロダクトマネージャーたちが協議をして、デザイナーに次はこういうものを作ってくださいということを伝えて、次の3週間分の商品の企画をして製造に入ります。それがまた次の3～4週分つくられ、各国に届くわけなんですね。

こんな流れを週2回繰り返しています。では、はたしてどんな商品、どんな情報をよりどころにして、デザイナーたちは新しい商品を作っているかというと、これ意外かもしれませんが、売れた商品ではなくて売れなかった商品の情報をとっています。売れた商品というのはPOSデータを見ればわかるので、そんな情報をあえて聞く必要はありません。けれど、売れなかった商品はデータに残らないのでわからないのです。

売れなかった商品の中にはいろいろな種類があります。どんな種類があるかというと、例えばお客様が触りもしない、見向きもしなかった商品があります。二つ目は手にはとってみたけれども、また棚に戻してしまった商品があります。三つ目は気に入って試着室に持っていって着て、けれど最終的には買わなかった商品があります。大体、この三つの売れなかった商品の中で、三つめの、試着はしたけど購入に至らなかった商品の情報を世界の全店から吸い上げています。つまり、せっかく試着室に持ち込んで試着までしたということは、顧客もその気だったということです。もしくは試してみたいと思った魅力のあった商品になりますが、結果的には、何らかの理由で、買ってはもらえなかった。それではどう改良したら買ってもらえるのかということを世界の各店の人たちが協議をした上で、情報として本部に伝えています。

そうすると、各国から同じような情報も集まってきます。そこで「この情報で間違いなさそうだ。それではこういうものを作ろう」ということで、デザイナー達が改良版を作るということをシーズン中に何回も繰り返しています。多くのアパレル企業の人たちは売れたものと全く同じものをまた追加生産しようとします。だから冒頭でも述べたように、在庫が過剰になって売れ残り在庫は生まれてしまいますが、ＺＡＲＡの場合はこれから売れるかもしれない、改良したら売れるかもしれないものを作り足していくわけです。それによって、お客様の需要に合った商品が作られていくという話になります。

こんなスピード物流をしてどんなメリットがあるかというと、多くの企業は当初販売価格に対して30％ぐらいの製造原価で商品を作ってます。つまり、１万円で売っているものは３,０００円ぐらいでできている、というのはよくある話です。だから定価で全部売れたら７,０００円も利益が取れるのに、現実的には平均でいって30％～35％、つまり３,０００～３,５００円の値下げをした状態で売り切っているのです。つまり、１万円で売り始めて１万円で買う人もいれば、半額もしくはそれ以下で買う人もいて平均でいうと６,５００円～７,０００で販売されているというのがアパレル業界の実態なのです。こんなに値下げされているんだというふうに思った方も少なくないと思います。つまり、アパレル企業は利益をかなり失っている、あるいは、かなりの値下げすることを前提に商品を製造しているわけです。この点、ＺＡＲＡの場合は他社よりも高い原価率で作っていますが、値下げが小さいから、いわゆる歩留まり、利益率が高く残る。その理由は業界平均よりも大体３分の１ぐらいの値下げで抑えられているためです。定価で売られている割合がものすごく高く、大体85％～88％ぐらいです（参考：日本のアパレルの定価販売率に関する業界平均は50％程度と言われている）。定価で売ってどうしても売りきれない商品だけ、シーズンの終わりの大体６月末と12月末から始まる５週間でバーゲンセールをやるんですけど、その時ぐらいしか値下げしません。世界的に見ても最も値下げが少ない会社の一つになってます。

こういうことが、スピードオペレーションをすることによって可能になっているわけです。原価は高いけれど値下げを抑えることで利益を高めることができるというビジネスモデルは、こういったかたちでZARAが立証してくれています。これはZARAが自前で敷いたスピードオペレーションサプライチェーンマネジメントによって成せる業というふうに言うことができると思います。これで得た利益は次の店舗の出店だとか、内製化、ITのための投資と、色々な投資にまた使えるので、ますます精度が高まっていくというところにつながってきます。

8．ファストファッション×eコマースというビジネスモデル

ここまでで、ある程度本題は終わりなんですが、さらにこういったSPAのオペレーションをちょっと現代の話に繋げていきます。ZARAやユニクロのオペレーションが世界を見渡しても大体、いわゆるチェーンストアの中ではトップクラスのオペレーションだと思っていますが、また新しい潮流が出てきています。それは、いわゆるファストファッション×eコマースというオンラインサイドで、オンラインを主戦場にしてファストファッションを展開している企業たちが、その後の新しい動きとして出てきています。

イギリスでは店舗を持たずに、いかにeコマースでリアルタイムにファストファッションを提供して短サイクルで売り切っていくというビジネスモデルが注目されました。これは店舗を持たないがために固定費が少ないので、比較的低価格で販売することができます。イギリスのASOS、Boohooといった企業です。

こういった企業が台頭してきましたが、ここ数年ここ3年ぐらいの間にさらに台頭してきたのが、SHEINという中国の企業です。特徴としては、世界のアパレル産地、世界のアパレルチェーンが注文を出す、中国の中で最大産地の一つである広州の南の方にある地域を拠点にして、産地から世界中にオンラインで売り込んでいったというビジネスモデルです。かなり急成長で、特にコロナ禍の時に1兆円台になり、2022年には3兆円規模になっているそうで、非公開企業なので正確な金額はわかりませんが、投資家に向けて発表された数字などというのが色々な情報で伝わってきますので、それで計算をすると去年の段階で3兆円です。つまりインディテックスが4兆円規模なので、その次ぐらいに来ているようです。

この企業はアメリカを中心に販売し、ご存じのように日本でも販売しています。彼らの特徴としては先ほどから申し上げたように店舗を持たずに、なおかつ産地である中国というところを拠点に置いて、その産地からダイレクトマーケティングを行います。世界の人たちがどんなものを求めているかという情報をオンラインで探ります。

中国の広州にはもう一つ特徴があって、中小の工場が多いのです。そのため小ロットの短サイクル生産ができます。短サイクル生産ができるように、生地の在庫を持ち、付属品の在庫を持っている大きな市場があります。そこに行ったらすぐに材料が調達できます。だから新しい商品を作ろうとした時に5日間だとか、10日間ぐらいで新しい商品が作れます。なおかつ小ロットで作る。チェーン展開していないので小ロットでもオンラインを用いれば発売できます。とりあえず100枚売ってみて、良ければまた100枚作り足すことができる。

そういったことを積み重ねることによって、コロナ禍の時にダメージを受けた広州の産地のメーカーたちを束ねて、オンラインで世界の消費者につなげることで急成長をしたのがこのＳＨＥＩＮのモデルです。

今後、ユニクロやＺＡＲＡのようなＳＰＡのビジネスモデルは引き続きベンチマークされるとともに、こういった産地からいかに世界に発信するかとか、それからいかにオンラインでマーケティングするかとか、それを同時に如何につなげるかということが重要なポイントになってくると思います。これもアパレル企業というよりは、ＩＴ業界から来た人たちがやっているビジネスモデルなので、またちょっと違う切り口で注目されているところがあります。

【参考資料】

齊藤孝浩『ユニクロ対ＺＡＲＡ』日経ＢＰ、２０１８年
齊藤孝浩『アパレル・サバイバル』日経ＢＰ、２０１９年
齊藤孝浩『図解　アパレルゲームチェンジャー　流通業界の常識を変革する10のビジネスモデル』日経ＢＰ、２０２３年

第７章

New Reality に対応した日本での物流網の構築

ネスレ日本株式会社　サプライ・チェーン・マネジメント本部デマンドアンド
サプライプランニング部コンフェクショナリー&ネスレヘルスサイエンス課
課長　上野剛氏

こんにちは。私はネスレ日本株式会社 サプライ・チェーン・マネジメント本部（以下、「ＳＣＭ本部」）の上野と申します。本日は「アート・オブ・物流」の中で、このような時間をいただき、誠にありがとうございます。これから1時間40分、弊社のサプライ・チェーン・マネジメント（以下、「ＳＣＭ」）・物流並び最近の取り組みを紹介させていただきます。特に２０２０年新型コロナウィルス感染症が発生して、いわゆるコロナ禍において皆様の生活環境も大きく変わったと思います。入学式や卒業式が無くなったり、入学後の授業もオンラインに変わったなどもあったかと思います。

私たちＳＣＭ・物流の世界でもいろいろないろんな変化が起き、それらに対して様々な取組みを行ってきたことを、本日実例を通してお話しさせていただこうと考えております。もしかすると、皆さんが大学で日々学んでいる理論や実例とは少し異なるところもあろうかと思いますが、「このような取組みにより、実際の現場は動いている」というところを知っていただければと思います。

質問等ありましたら、その場でどんどん手を挙げてください。私もこういった場でお話しする機会がないこともあって、Q&Aの時間を取れずに終わってしまう可能性もありますので、よろしくお願いいたします。

では、本日の講演内容ですが、まず我々ネスレ日本の簡単な紹介をさせていただきます。その後、私が所属しているSCM本部の紹介を予定しています。それからコロナ禍において変化したこと、ならびにそれに対しての弊社の取組みをお話しします。国際物流や国内物流、さらに製造や調達、働き方などが大きく変わったことを知っていただければと考えています。

最後はネスレ日本のSCM本部が今後目指す方向ならびに実際にスタートしている取組みを紹介させていただきます。

1．自己紹介

まずは自己紹介です。改めまして、ネスレ日本株式会社 サプライ・チェーン・マネジメント本部 デマンドアンド&サプライプランニング部 コンフェクショナリー&ネスレヘルスサイエンス課で課長をつとめております上野と申します。非常に長い名称ですが、日本語に直すと《デマンド&サプライプランニング部》は《需給計画部》となります。どのような需要が市場から出てくるか、またそれに対していつ・どこで製造を行いどうやって供給していくかを計画管理する部門です。

そして、次にコンフェクショナリー&ネスレヘルスサイエンス課ですが、最初の《コンフェクショナリー》は《お菓子》を意味します。我々ネスレ日本では《お菓子》製品として「キットカット」を中心に複数のブランドを国内で販売しております。それらの需給計画を調整することが私の一つ目の業務となります。

ネスレヘルスサイエンス課ですが、「ネスレ　ヘルスサイエンス」として栄養補助食品（病院の流動食や在宅介護などで使用される食品など）を提供するビジネスを展開しており、それらの製品の需給管理を行っています。以前は高齢者向けの製品が多かったのですが、最近では老若男女問わず、様々なニーズに対応すべく、多くの製品を取り扱っております。

私自身のネスレ日本入社は今から25年前の１９９８年です。入社当初は営業部門に所属し、九州や東北地方の小売業・卸業へネスレ日本製品を紹介し購入いただく業務を行っていました。その後、製品企画部門に異動し、海外で販売されているブランドの日本導入に携わりました。また美術系大学との「産学連携」の取組みにも参加し、定期的に大学を訪問することで学生の皆さんのご意見を伺う機会もありました。

製品企画部門を経験した後、現在のＳＣＭ部門に移り、当初は顧客との共同物流開発を行う部門に所属しました。現在でも物流ならびにそのカイゼンは自社だけで取り組むのが一般的ですが、労働力不足を補ったり、環境負荷への削減を進める上で、単独企業ではなく取引先企業はもちろん競合企業との連携が重要との機運が高まっています。多種多様な企業との連携を行うことで、物流のカイゼンを図りました。

それらの取組みの中で、大手小売業様・鉄道事業者様・海運事業者様に加え気象関連企業様との連携で、「グリーン物流パートナーシップ　国土交通大臣表彰」、「環境省　省エネ大賞」「日本物流団体連合会　物流環境大賞」他、各種表彰を受賞しました。

その後、現職の担当となり、「コンフェクショナリー」と「ネスレ　ヘルスサイエンス」製品の需給計画に携わっております。

2．ネスレ・ネスレ日本の紹介

ではここから、ネスレならびにネスレ日本の紹介をさせていただきます。まず皆さんネスレはどこの国の会社かご存知ですか？　ネスレはスイスの会社で1867年に創業しています。日本でいうと、明治の少し前、幕末の創業となります。企業規模は2022年時点で社員数27.5万人、売上944億スイスフランです。1スイスフランが160円前後のため（2023年6月現在）、日本円で約15兆円となります。

取り扱っている商品については粉末液体飲料、ペットケア製品、ニュートリション・ヘルスサイエンス、調理済み食品・調理用食品、乳製品・アイスクリーム、菓子、ウォーターとなります。

皆さんが海外旅行に行くと、多くの国の多くの場所でネスレ製品が販売されているのを見る機会があろうかと思います。

では日本で事業を行っているネスレ日本はどのような会社かご存知でしょうか？　まずネスレ日本の本社は兵庫県神戸市に所在しています。また日本での創業は1913（大正2）年と今年で創業110年の年になります。

日本国内の事業として「飲料、食料品、菓子、ペットフード等の製造・販売」を行っており、それらを通して皆さんがネスレを知っていただく機会になっているかと思います。

社員数は約2，400人で、神戸本社・工場・全国各地の営業拠点などに所属し、毎日の業務に携わっています。

3．ネスレ日本のＳＣＭ紹介

ここからは、ネスレ日本のＳＣＭの紹介を行います。一般的に食品業のＳＣＭは、製品原料を購入する購買部門から需要に基づいた製造計画を行う需給計画部門、その製造によってできた製品の在庫を管理し配送する物流部門、そして、流通・販売から発注を元に出荷配送を行い最終的に消費者の手元に届くカスタマーサービス部門までの、非常に広範囲にわたるエリアをマネジメントする部署となります。現在ネスレ日本のＳＣＭ本部には約１７０人のメンバーが所属しており、それらの業務に携わっています。

日本国内の他の食品企業では「ＳＣＭ＝在庫を管理する部門」のことも多く、在庫管理以外の業務は製造部門・販売部門など別部門がそれぞれ担当している場合がよく見られます。

一方、ネスレ日本のＳＣＭは購買、需給計画、物流、カスタマーサービスと非常に広範なエリアを管理しています。さらに製造生産部門も含めた、オペレーション関連の部門を含めて〝オペレーションズ〟として会社の中で位置づけられております。

なおネスレ日本のＳＣＭは、現時点でのネスレ日本が展開する事業に最適化した組織で構成されています。そのためこの先の社会の変化や事業領域の変化により、ＳＣＭの組織自体も変更する可能性は十分あります。

例えば、以前はネスレが事業を行っている全ての国（マーケット）に存在していた部門がＩＴの進化により、「アジア地区を一カ所で」「世界全体を一カ所で」などが進んだり、eコマースの登場によりeコマースに適応したＳＣＭの部門が新設されたりすることもあります。

では各部門の紹介を順番にさせていただきます。

まずは「需給計画部門」ですが、市場の需要を予測し、それに応じた供給計画を作成することが主たる業務となります。日本の市場の特徴として、流行の変化が非常に早いため、それを予測した供給を準備することが期待されています。

次に「購買部門」ですが、原料・包材の購入や各サービスの契約を実施しています。ビジネスの継続のため、いかに有効かつ公正な契約を行えるかがポイントとなります。

「物流部門」ですが、倉庫・配送の管理契約はもちろん、昨今の「物流の２０２４年問題」など新たな社会変化に対応し、いつでも消費者の方々がネスレ製品を手に取りやすい環境整備を目指しています。

最後に「カスタマーサービス部門」です。この部門では顧客との連携を通して、お客様側・ネスレ日本側双方にとってスムーズなやりとりの実現を進めています。例えば、ＦＡＸで届くお客様からのオーダーオンライン化を進めることで、双方に迅速で正確なコミュニケーションの実現を進めています。

4．コロナ禍でのＳＣＭ事象

では、ここからは具体的にコロナ禍でどんなことが起き、どのような対応を行ったかに関して紹介いたします。

コロナ禍が始まり現時点で約3年少しですが、この3年は私の感覚にはなりますが、私が社会人になってからの20数年間よりも大きな変化があったと感じています。恐らく皆さんの周りでも大きな変化があったのではないでしょうか？

コロナ禍において、サプライチェーンを取り巻く環境で最も大きなことは何だったかというと、「サプライチェーン」という単語が一般的な用語になったことではないかと、私自身は思います。

それまでは同級生と近況報告などを行う際、「今、サプライチェーンの業務に携わっている」と話しても、要領を得ないことが多かったのですが、現在では「サプライチェーン」の用語の認知度上昇とともに、イメージがつきやすい職種の一つになりました。

実際、本日の資料を作るにあたり、「サプライチェーン関連の最近のニュース」を検索しましたが、「半導体不足」「エネルギー資源の供給」など数多くのニュースが表示されました。私自身、コロナ禍が始まる前に、「半導体不足による社会への影響」がこれほど大きなインパクトを与えるとは考えてもいませんでした。

また、コロナ禍において中国やアメリカなどでロックダウンが行われたことで、多くの港でのコンテナ貨物を中心とした輸出入作業が停滞し、結果世界中の物流が止まるという事態が発生しました。コロナ禍前までは、「上海港でストライキがあっても、日本への影響は軽微」と考えていましたが、実際は世界のコンテナの約35％が中国の港湾を経由しており、それが止まると、世界中のコンテナ網がストップしてしまったのです。

また、コロナ禍ではありませんが、ロシア・ウクライナ戦争により、ヨーロッパーアジア間の航空便がキャンセルもしくは南回りになり、ネスレ日本でもヨーロッパから日本へ輸入している製品で、「輸入の遅れ」「航空運賃の上昇」などが発生しました。

5. 市場の変化、ＳＣＭの変化

具体的な市場の変化を紹介いたします。一つ目は消費者の購買行動が変わりましたこれが変わると物流並びにサプライチェーンには大きな影響が出てきます。理由としては、我々は市場から支持されるものを製造し、お届けする活動を行うため、売れる製品が変わると、今まで準備してきた製品は意味がないものになるからです。

我々食品業界での変化として、一つ目に「内食」の増加です。皆さんご承知のとおり外食機会が大きく減り、結果家庭で食事をする「内食」が増えました。そのため売れ筋製品が大きく変化しました。

我々メーカーにとっては、「今まで必要だった製造が不要となり、一方で未計画だった製造を急遽実施する」事態です。結果、多くの変更が発生し、ＳＣＭの現場では大きな混乱を来すこととなりました。

２つ目ですが、「販売方法の変化」です。コロナ禍前までは「折り込みチラシ」を中心として、お客様に商品案内を行う小売業様が非常に多かったのですが、２０２０年４~５月頃から折り込みチラシを中止する、もしくは頻度を減らす企業が非常に増えました。それにより、「どの製品が大きな購入につながる→製造が必要か」が判断しづらくなりました。

また食品販売でもネット通販やネットスーパーが普及し、それに対応した製品の供給が必要となりました。

そして三つ目ですが、インバウンドビジネスの環境変化です。これはご承知のように、海外からの観光客が２０２０年・２０２１年にほぼゼロとなったため、結果、外国人観光客向けに製造した商品の需要も消失する事態となりました。

一方で、２０２３年に入ってご承知のように多くの外国人観光客が戻ってきており、急激な需要回復が進んでいます。

６．物流での変化

ではその期間での物流の変化を紹介いたします。

一つ目は、先ほどもお話ししたように、ネット通販などのＥＣビジネスが増加した点です。コロナ禍が始まる２０１９年まではネット通販業者での配送ドライバー不足が懸念されていたのですが、コロナ禍に入り、置き配などが一般的になり、また個人のバイクや自転車で配送業に参加される方が急激に増えたことで、様相が大きく変化しました。

二つ目が、製造起因での物流変化です。当時は取引先様から「従業員で病欠が増えたので製造を延期する」というようなことも起き、「この日に注文を行えば、この日に製品が届く」ことが難しくなりました。

三つ目は、海外からの輸入です。先ほどお話ししたように、中国を中心とした港湾の業務停止によりコンテナが動かず、世界中の物流が滞留しました。結果、コンテナ輸送費を中心とした物流価格の高騰はもちろん、コンテナがどこに置かれているか不明のような通常では考えられない混乱事象も発生しました。

では、リスクがあるのになぜ輸出入を中心とした国際物流が広がっているのかというと、一例ですが福岡から東京間のトラック輸送は1台15万円ぐらいです。ではロサンゼルスから東京のコンテナ1台はいくらぐらいかというと、こちらも15万円ぐらいです。上海から東京になると5万円ぐらいとなります。国際輸送はコスト的に非常に魅力のある配送のため、今後もこの状況は変わらないのではと思っています。

本来であれば、数十年かけて発生する物流の変化がわずか1～2年の間で発生したため、我々を含めた物流・SCMにかかわる多くの方々がそれに対応を行いました。結果、大きな混乱もありましたが、個人的には大きな進歩・カイゼンがあったと感じております。

7. 持続可能な社会のために

では最後に今後の社会に向けたネスレ日本のSCMの取組みを紹介させていただきます。

まず一つ目は、最新のテクノロジー技術を活用した取組の推進です。例えば、これまでお客様からのご注文はオンラインやFAXで受けていました。ただコロナ禍を経て、オンラインオーダーの推奨やFAXオーダー内容のデータ読み取りなどを進めています。

また、需給計画においても過去のトレンドを参考に、将来の需給予測をより高度な内容にカイゼンしています。機械が提案することで、人間の見逃しがちな部分をフォローし、漏れがなくかつ効率的な業務の実現を目指しています。

二つ目は、環境に配慮した物流の実現です。冒頭にお話ししましたが、以前からネスレ日本として、グリーン物流を達成するために、トラックだけではなく鉄道・海運を利用した物流や気象予測を活用したタイムリーな物流を実施しております。

最近では「物流の2024年問題」が物流部門だけではなく、日本社会における共通の課題として認識されつつあります。それらに対しても「ネスレ日本・JR貨物・全国通運・日本運輸倉庫」の4社で持続可能な物流モデルの構築に向けた共同取組を進めております。

（＊2023年9月4日プレスリリース）

これらの取組みを通して、ネスレ日本のSCMとして持続可能な社会の実現に向けて貢献したいと考えています。

8. まとめ

以上、長くはなりましたが本日の講義を終了させていただきます。今後皆様の中で、物流関連のお仕事に携わられる方もいらっしゃる方もいるかと思います。おそらく、その時点では本日の話とは全く異なる世界になっているかと思いますが、本日の話も含め「SCMは変化するもの」として記憶いただけると幸いです。ご清聴ありがとうございました。

第８章

災害からの物流ネットワークのレジリエンス

防衛大学校准教授　中澤信一氏

1．自衛官として災害に向き合う

皆さんこんにちは。防衛大学校准教授で海上自衛官の中澤です。今日は災害からの物流ネットワークのレジリエンスと題して、主として私が実際に関係した災害派遣を通して自衛隊の支援活動を支える物流の実態について紹介したいと思います。また、それが復興への道筋を考える上での参考となれば幸いです。

私の経歴を紹介させていただきます。防大は卒業期別で言うと28期生です。一番有名な同期は村井宮城県知事です。防大卒業後は海上自衛隊に入り、艦艇用兵幹部の養成のための教育を受けました。海上自衛隊ではいわゆる「特技」というものがありまして、一般企業で言えば職務にあたるものです。ここ左胸に艦をデザインしたバッチがありますが、いわゆる「船乗り」として、運航の海技資格を持ち乗艦経歴がある人がつけられる艦艇乗組員の徽章です。私は非常に珍しく、機関長と艦長と両方の資格を持ち、海上自衛隊でもレアなリアル二刀流です。

三等海佐以降、掃海艇「ひこしま」艇長を拝命し、そこからは掃海艇乗り、掃海ゴロというんですが、３

隻の艦艇長と掃海隊司令を経験しました。掃海というのは、簡単に言えば機雷の撤去です。その後、母校である防衛大学校に准教授として戻り、そこで定年を迎えると同時に再任用自衛官として還暦を迎え、あとは国家と後輩の育成に奉仕するだけということで、これからの日本を支える皆さんにお話ができればなというふうに考えております。

定年になった時にライフワークとして何をしようかなと考えたのですが、和の伝統文化について京都芸術大学で色々なことを勉強しながら、それを防大生にも教えています。

その中で、少し今日の話に関係するような経歴を抜き出しました。この経歴に沿って災害関連の体験談を紹介したいと思います。雲仙普賢岳噴火災害、阪神淡路大震災、東日本大震災は振りかえり映像などで見られたこともあるかもしれません。これは過去の話と思わないでください。これは近未来、明日あるかもしれないし、数年後にもう一回起こり得ることですから。普賢岳の教訓が富士山等の噴火災害にも活用できるだろうし、東南海地震の方も大体こういった過去の事例を参考にして色々と備えをやっています。災害は、いかに準備、心の準備と物の準備をしておくかということで被害もだいぶ変わってきますので、これからの未来の話だと思って、聞いてもらいたいと思います。

なお、ここでの発言は、すべて私個人の見解とご理解ください。

2. 雲仙普賢岳噴火災害での災害派遣活動

まず、雲仙普賢岳噴火災害に対する災害派遣活動です。陸上自衛隊は島原城に駐屯して色々と活動されましたが、海上自衛隊は待機のみでした。私はその頃、佐世保地方総監の副官、総監のいわゆる「秘書官」でした。間もなく海上幕僚長に就任する総監が地元の災害時に現場を見ないで東京へ行って、「どうでした？」と聞かれ、「いや、ちょっと行ってないです」と言うのも恥ずかしいので、秘書官としての独断で計画して、天気が一番良いという日に上空視察を行いました。その時の第一印象は、スキー場みたいな感じですね。この時に有名になったのは「火砕流」という言葉です。大規模な火砕流が発生し、消防団の方々や取材をしていたマスコミの方々など大勢亡くなりました。当時はポケベルというものがありました。何かあったらピーピーピーと呼び出しをする携帯通信機です。それぞれの機械に刻印をしてあるんですよ。その刻印の番号が分かれば、誰が持ってるのかを特定できるので、火砕流で真っ黒こげになって死体になっても、それさえ分かれば、自分の家族のところに帰れるということで、ポケベルを肌身離さずに持っていたという話をマスコミの方から伺いまして、彼らの取材も命懸けでしないといけなかったのだと知りました。

私はヘリで総監と一緒に乗っていて思ったのは、犬１匹動かないんですよ。もう完全な死の世界です。「誰かいますか？」というどころではないんですね。眼下の広いエリアが完全に犬１匹が動かない世界になっていて、死の世界というのをすごく感じました。実際、飛んでいる時にも火砕流が発生し、パイロットがインターホンで「風上だから大丈夫です」と言うんですが、もし火砕流が発生したら、その中はすごい高温になります。もう一瞬にして焼け死んで溶けてしまう。だんだん離れていくと火山灰の固まりがどんどん降って、それが頭に当たると大怪我をします。

鹿児島出身の方は多分経験されていると思いますが、車のガラスに火山灰が付着しているのを知らずに車のワイパーをかけるととんでもないことになります。火山灰の角がギザギザなので、一気にガラスに傷が付くというような感じです。

実際の火山灰が見つからなかったので、代わりに抹茶の粉を持ってきたんですが、抹茶の粉末はこぼれて繊維の間に入ると取れないぐらいの細い粒子ですね。これが降ってくると思ってください。どうなるかというと、沖合に海上自衛隊の護衛艦や輸送艦などが待機していたんですね。なぜ待機していたかと言うと、ここ（島原市街地の両端）が火砕流でガァーっとなると、全ての物流ができなくなる。そうなると島原の人たちの逃げ場が無くなり、海の方に逃げるため、「沖合に大きな船が何隻かいる。漁船などであそこに逃げればいい」という心の支えとして災害派遣待機艦として自主的に出動していたんです。しかし、そこにいる護衛艦はガスタービンエンジンを使っているんですね。ガスタービンというのは空気をいっぱい取り入れてから動かしますが、そのフィルターがものすごく目詰まりする。なぜかというと、火山灰です。細かい粒子が飛んできて、表面にも甲板上にも降り注ぐ。邪魔だからとエアーで飛ばすと抹茶と一緒ですから、巻き上がってまた元に戻る。水を流したらセメントになり、乾いたらカチカチに固まるわけです。そういうものが降ってくるということですね。ですから、もし噴火が起こった場合には、火山灰が何cmか積もれば電車は動けないとか、聞いたことがあると思いますが、生活も大変になります。マスクしておかないといけないし、気管の中に入ると中国の黄砂と同じような感じになります。電車は止まってしまうし、噴火地点から遠くまで影響を与えるのです。それをこの時に体験しましたね。

3．阪神淡路大震災での災害派遣活動

その後、広島県呉市を本拠とする掃海母艦「はやせ」に副長として乗っていた時、1995年1月の早朝に阪神淡路大震災がありました。私自身は幹部学校の指揮幕僚課程の選抜試験3日間の初日だったんですが、そこで朝に揺れたんですね。震源地は神戸沖の淡路島北部だったんですが、情報が入ってこないため、最初はどこで起こったか分からない。重要な試験の日なので妻が起こしてくれていると思ったんです。こんな事は初めてだと思っていたら、私が一人揺れていただけでした。それから総監部で受験していたら、どんどん情報が入ってきていました。「はやせ」は現地に出動することになり、次の日に朝早く物資を搭載して、朝に送り出すような感じでした。結局、最後まで3日かかる試験はやって、実動の方に行きました。

私は発災3日後に陸路で現地に行きました。艦はもう先に行ってしまったので、「陸路でも行く便があったら乗せて」と頼んでいたら「中澤三佐、神戸に行くマイクロバスがあるので、乗って行きますか？」「行きます！」ということになりました。船乗りなのに陸路で行けたというのは、逆にいい経験になりました。神戸に基地隊があるんですが、やはり規模が小さくて、大規模災害に対応可能な車両用の燃料が備蓄されていないんです。だから呉から燃料をドラム缶で持っていくということになって、それについて行ったんです。陸路で行くとどうなるか、ドライバーは呉のドライバーですが、もう阪神地域にはしょっちゅう行っているので慣れてるんです。高速道路はスピード関係無しで、パトカーと同じですから、災害派遣ということで飛ばして行けるんですが、近くになって高速を下りてからが大変でしたね。もう電線がぶら下がり、電信柱が傾いてですね。それから道は微妙に陥没していました。

高速道路は使えず電車も通れない。そこに、とりあえず逃げる人々、外から物資を運んできたり、災害派遣で来た人々が、もう、ぎゅうぎゅうという感じで集中している状況でした。また、橋のかかっている部分は、コンクリートなので頑丈なのですが、橋の袂の地面と接している土の部分は少し陥没しているわけです。埋立地はもっと陥没していました。そうすると段差ができて、普通のタイヤだと乗り越えられないんです。しかも、そのような状況下で、自分達がどこにいるか分からなくなりまして。早朝だったこともあるんですけども、「あぁ！　わかった。ちょっと待て」と言って、スマホがなかった時代なので地図帳で駅名を探したら、「三宮のあたり？　じゃあそこだね」という感じでした。普段から通り慣れた場所でも、そこを１００ｍ行くのが大変という状況です。なおかつ神戸の港湾地区は埋め立てしていましたので、そうすると、液状化現象が起こっているんですね。東日本大震災の時も浦安市沿岸部で液状化現象が起りましたが、もう地面がジュルジュルになってタイヤがスリップして動かない。通れそうなんだけど通れなかったりで、下を気にしていると上から電線がぶら下がって危険という有り様なので、結果的に二輪車のバイクが一番活躍しましたね。渋滞しても間を通れるからで、「はやせ」は航法支援のための車を積んでおり、そういった四輪駆動車も必要だったのですが、やはりバイクが結構活躍していました。

それで、「はやせ」は何を積んで行ったか？　有事には港湾や島を守るために海に敷設する機雷を積むんですが、普段はその格納庫には何も入ってませんから、空っぽです。そこに様々な救援物資を積んでいきました。毛布や古くなった作業服などですね。着れるようなものなど、とにかく何でも積んで、倉庫がわりにして持っていきました。

最初は岸壁に横付けさせてもらえませんでした。まだ自治体が自衛隊と連携がうまく取れていない時代でしたので、まずは一旦投錨して、荷揚げをして、岸壁横付けは次の日以降になりました。その後、大阪湾各所から漁船が私たちの艦の近くの岸壁に来て、「大変だろうと思って」と色々な支援物資を陸揚げしていましたが、支援物資については、やはり自治体の職員の方が受け入れで来てくれないと、どこに運んでいいかが分からない。そういった関係もあって、一応運んできましたが、「でもどうすればいいの？」となって無駄になった部分もありました。また、艦内で何が困ったかというと、トイレットペーパーが無くなったりしました。震災時が1月中旬で、冬休み明けの補給物資搭載前でしたので、救援物資も必要ですが、私たちが生活する物資も必要でした。それから、神戸には潜水艦の造船所があり、そこは乗員等の家族も一緒に住んでいます。女性や赤ちゃんも一緒に住んでいるのですが、物流が止まっているので、スキムミルクとかおしめとか女性用のものが買いに行けないんです。大体災害対策本部というのは男性中心なので、女性や子供が必要なものに気づかないんですよ。しかし、被災した方々の半分以上が女性と子供、お年寄りなので、必要だと考えている物以上に必要な物があり、実は掃海艇などが行ったり来たりして、必要な物を呉から運んできていました。また、やはり水が不足しました。ポートアイランドにかかる橋は全然大丈夫そうに見えましたが、もう通れなくなって通行止めになっているので、その先の高級マンションには水が運べず不足していたというのが後でわかるわけです。そのＳＯＳすら伝わっていないんですね。

阪神淡路大震災は色々な教訓を生んだと思います。自衛隊も最低限必要な救援物資を備蓄しておかないといけないんだなというふうにですね。有事というと、戦争はなかなか起こりにくいんですが、災害は日本では多いので、やはり、しっかりとそれに備えた装備や備蓄が必要であることを教えてくれたのが阪神淡路大震災だったと思います。

震度7というのは、もう全国どこでも揺れているような感じです。東日本大震災は東北で発生しましたが、京都府の舞鶴でも看板が揺れるんですね。一番困ったのが、鉄道も高速道路も、皆曲がってしばらく通れなくなることです。では東西どうやって行き来すればいいのかと言うと、例えば私は呉の艦にいましたが、呉から東に移動するとなると、松山まで高速艇で渡って松山空港から飛んだ方が早いとか、とんでもないルートで移動しないといけないということが何年か続くわけです。ですから、やはり大動脈をやられたら、海や空からが一番近いルートになります。

実際に大災害を体験したことで、阪神淡路大震災後、今度は首都直下型地震など、また何かが起こるだろうと、真鶴など色々なところ、特に首都圏各地から防災会議に出てきてくださいと声がかかりました。自衛隊が頼りにされるのは良いことなのですが、いっぱい声がかかって、それに対応できないということで「防災主任」という配置ができました。専門の配員をしないと対応できないんです。

神戸港辺りはコンテナ基地でした。震災でコンテナが港内に崩れ落ち、厄介なことに、船のように浮いてくれればいいんですが、中性浮力といって海面と海底の間にぷかぷか浮いている場合があり、視認しづらい状態で、しかも移動しているわけです。そこに救援に行くと、艦にぶつかる可能性があるのです。我々の艦は水深を書いた海図で海に入っていくんですが、地震で隆起したり陥没したりして水深が変わっている可能性があります。断層があったら完全に変わります。せっかく救援物資を運んで物流を再開させようとしても、大被害を受ける可能性があります。そうした惨事を防ぐため、最初に、掃海艇「ひこしま」が港湾の調査などのために行きました。潜水員も派遣しました。そのための探知機、ソナーを持っており、それに加えてゴムボートと潜水員がいて、実際に携帯用のソナーで調べたりします。そういう活動で、一番最初に喫水の浅い（喫水：海面から下にどれぐらい入っているかのこと。イージス艦は10ｍ以上にもなる。）艦を各港に入れ、港が使えるかどうかを確かめました。

実際に防災訓練で色々な港に入っていく場合、掃海艦「はちじょう」という艦も派遣されました。ちょっと大きい約1，000ｔ級の木造船で、今は除籍になりましたが、これはペルシャ湾などに行けるように作られた艦です。同じように掃海用のソナーを持ち、潜水員もいて、また、カメラ付きの機器も搭載していて海底の状況を調べたりすることもできました。

4．海外での災害派遣活動

次に市ヶ谷の防衛庁海上幕僚監部、いわゆる海幕と言われるところにいた時のことです。えひめ丸という宇和島水産高校の実習船がハワイの沖合で浮上した潜水艦の十字舵にズバっと船底を切り裂かれて沈んでしまうという事故があり、その船の救難も私が担当していました。災害派遣というかたちで潜水艦救難艦「ちはや」を出しました。

その年の9月11日にアメリカで起きた同時多発テロ事件後の、アフガニスタンへの人道支援物資輸送なども担当しました。それに掃海母艦を使おうということで、そこは私が詳しかったので調整に携わりました。パキスタンのカラチ経由アフガニスタンに対する人道支援は、内閣府が成田空港の近くに備蓄している、毛布、衣類、テントを艦で持っていくということになったので、横須賀まで運んでもらって積んで行きました。そのときも、やはり阪神淡路大震災の時の経験を活かして機雷庫を使って輸送しました。

1999年トルコ大震災が起こった時は、阪神淡路大震災で使っていた仮設住宅をトルコに送ろうということで、その時はヘリ甲板にも積んでいましたが、そうするとヘリコプターが発着艦できず、「やはり緊急時のためにヘリ甲板は空けておいた方がいい」というアドバイスを当時担当していた「はやせ」の時の艦長から聞いて、結局バラ積みにしました。コンテナで持って行った場合、カラチ港のコンテナのヤードが本当に使えるかどうかがわからなかったのもありました。だから阪神淡路大震災の教訓とトルコでのこういった過去の教訓を生かし、よりやりやすい方法でやったということであります。

5．瀬戸内海の掃海活動と災害派遣に使用される艦艇

市ヶ谷勤務の後は神戸の阪神基地隊の第42掃海隊司令という3隻の掃海艇の隊司令をやりました。戦後、瀬戸内海には米軍の機雷がいっぱいあり、それで物流が止まったままだったんです。掃海艇が実際の機雷を処分しながら、航路啓開ということで、瀬戸内海の物流が復旧するようにしたんです。当時米軍が日本周辺海域に機雷を1万2,000個ぐらい撒いていました。「飢餓作戦」という日本人を飢餓で降伏させようという作戦です。今もその半分の約6,000個ぐらいしか処分できておらず、もう半分は日本の海のどこかにまだ眠っています。機雷の場合はまだ火薬は生きているので、埋め立てをするときには必ず磁気探査をして、そこに機雷らしいものがあったら、探し出して海上自衛隊に処分してもらう。そういう手順になっています。

神戸が阪神淡路大震災でガタガタになったので、阪神基地隊も本部庁舎や体育館を全部建て直して、岸壁

は耐震構造、阪神淡路大震災レベルの地震があっても使えるような強度のある岸壁にしています。液状化現象が起こっても倒れることはないかもしれませんが、下は空洞になる可能性があります。

さて、私が艦長を勤めた掃海母艦「うらが」は掃海艇が横付づけをして燃料や真水、生糧品（野菜）などの物資の補給をする補給艦的な任務も持ってます。そのために大型の艦載クレーンを4基ほど持っていますので、災害派遣など、物資の輸送のときには非常に使い勝手の良い艦だと私は思っています。「うらが」と同型艦の「ぶんご」というのが呉におり、「うらが」は横須賀です。

予備知識として、輸送艦には「エアクッション艇1号型」というホバークラフトを積んでいます。上から取り込んだ空気を下に吹き付けて浮上し、背部にある二つの巨大な扇風機で推進します。輸送艦から出る時は、エアーで押し出してくれるので簡単なんですが、その後はヘリコプターと同じです。斜めに走ります。風を受けるので、外力にものすごい影響を受けるんです。それぞれの扇風機の向きを変えて曲がったり直進したりします。そうして砂浜に乗り上げるんですが、米軍では「タッチダウン」という言い方をします。これで東チモールにも行きましたが、なかなか操縦は難しい。特に難しいのが輸送艦の中に戻すときですね。斜めに走ってきたやつを艦内に入れる時にまっすぐ入れないといけないので、そこを間違えると艦にぶつかってしまいます。私が担当して、シミュレーションの訓練装置を作ったんです。港が無い場所、離島などにも直に上陸できるため、色々なところに物を運べるので便利ですが、やはり風で凄い量の砂や石ころを飛ばすので、その辺はちょっと気をつけないといけない。

また、物資を運ぶのにヘリコプターは非常に重要で、機能的です。しかし、最終的にはやはり人力、人なんですね。なぜかと言うと、色々なものを運んでくると、そこから色々なところに配る際、同じものばかり配ってもしょうがないので、均等になるように仕分けするのは、やっぱり人の力なんですね。物流の基本です。やはりある程度の人数が必要なので、自衛隊というのは自己完結型。食事も艦内でできるなど、そういった面では強いですね。

それから、以前は民間の物を自衛艦に乗せるなどとんでもない、という感覚があったんですが、道路が寸断されればそうは言っていられない。救援物資を運ばないといけません。特に警察車両、消防車両などは普通のガソリンスタンドを使います。ガソリンスタンドが機能しなければ災害復旧も出来ない。ですからタンクローリーなども運ばないといけない。ただ、民間の車両を艦に載せる際、ものすごく難しい点があります。潮の満ち引きがあるので、車両を搭載するためのランプが斜めになるわけですよ。そうすると、車高（最低地上高）によっては載せられない場合があります。せっかく来たのに運べないということになってしまうので、実際に防災訓練などでは、タイヤのでかい自衛隊車両ではなくて、普通の車で訓練しておかないといけません。普段から、そういった民生協力が円滑にできるように、あるいはそのためにはどういうものが必要かという研究もしています。

6. 東日本大震災での災害派遣活動

2011年の東日本大震災に対する大規模震災災害派遣の中でも、〝レスキュー・フロム・ザ・シー〟、特に海上自衛隊の艦艇をどうやって活用していたかを、当時、私が勤務していた舞鶴から派遣された部隊を中心に紹介します。

まず、災害派遣の基本的な流れは、震災が発生したら、県知事等からの災害派遣要請が一番手っ取り早いです。神戸のときはこの要請がなかったので、最初の発動が遅れました。ですから、普段から防災訓練をやったりとか、今は各県に自衛官ＯＢが防災監とか、そういったかたちで入ってるので連携できますし、どういうふうにやれば良いかというノウハウができまして、阪神淡路大震災以後はずっとこのような取組みが行われてきました。

それ以外では、近隣で大きな火事や何かがあったりすれば、これは出ないといけないということで、部隊指揮官の権限で出られるようになりました。

阪神淡路大震災まで、なぜすぐ出動できなかったかというと、旧日本軍によるクーデター二・二六事件等があって、そういうのを防ぐ意味で、武力集団である陸上自衛隊が勝手に部隊を動かせないようになっていたんです。今はもうそんな時代ではないし、災害派遣のときはいち早く行かなければいけないということで、法律改正になりました。

それでは誰でも要請があったら行けるのかと言うとそうではなくて、一応、災害派遣の3要素があります。一つが「緊急性」、すぐ行かないといけない場合です。それから「公共性」、それと民間では対応できない、あるいは海上保安庁でも対応できないとか、そういう「非代替性」、もう自衛隊の組織力がないと無理という三つの要素を満たしていれば、基本的に災害派遣の行動命令を発することができます。

命令された部隊指揮官が所要の兵力を派出して、全国の色々な所から部隊を集めることができます。実は東日本大震災のときは大体10万人規模の部隊でやるというような感じはありました。また、東日本大震災の場合、被害範囲が広かったので、一か所の知事ではなく、七県の知事、道知事の申請によって要請を受けていました。被災地においては、最初がまず生存者救助ですね。3日間72時間の壁とか、色々言われますが、季節にも、気温にもよりますが、まず生存者を救助しましょうというのが一つですね。もう一つは、生き残った人たちを支援していく。あるいは復興支援につながっていくように支援していく。物流の構築に手助けをしていくというように、活動内容が少しずつ変わっていきます。

最終的には、自衛隊でなくちゃ困ると言うのではなくて、あとは民間の力で何とかなります。自衛隊がずーっとやってたら、復興のためにいわゆるお金を落とすこともできないわけです。企業が復興にかかわれば、国の予算で支払いを行い、それが賃金などのかたちで回っていく、それも一つの支援になるわけです。ところが、自衛隊がずっとやっているとタダでできちゃうものですから、そういう民活を補助するという下支えができなくなるので、民間に移管できる部分についてはどんどんしていくということであります。最後は撤収要請を受けて撤収となります。

阪神淡路大震災のときの教訓で、救援物資の備蓄をある程度、各部隊の基地に保管するようになりました。舞鶴でも東日本大震災当時、毛布3，500枚、ペットボトル飲料7，400本や非常食の缶飯1万5，000食、それに加えてとりあえず缶詰・乾パンやバケツなど、あるだけ全部艦に積んでいきました。

その後、陸上で舞鶴など被害のない地域に支援物資を断続的に輸送するようになりました。なぜなら、東北の方は震災被害を受けて、物流は止まっているし物は買えない。そこで横須賀港に海上自衛隊の艦が一度集結して物を積み、そこから東北沖に行くとなると、もう首都圏の自衛隊備蓄がすべて送られて物がないわけですよ。なので舞鶴など被害を受けてないところから物資を集めて被災地に送りました。舞鶴からも交代で各艦に積んでオールジャパンで物流支援を補うという感じで出動しました。

３月11日14時46分、横須賀もかなり揺れましたが、４分後、自衛艦隊司令官、昔でいう連合艦隊司令長官が「全艦艇出航」命令を出しました。漁船などもそうですが、地震があったら直ぐに出港しないと津波でやられてしまいます。後の救援など、活動一切ができなくなってしまうので、とりあえず艦は地震が起こったら出港します。それで津波が落ち着いたところで港に戻って、物資を積んでもう一度出るようなかたちに、実際はなります。岩手県からは14時52分にはもう災害派遣要請を受けました。通常、震度５弱以上の地震が発生した場合は、自衛隊の航空機は令なく上空から被害状況調査を行います。これは、余りにも被害が大きいと逆に情報が全然入ってこないという、阪神淡路大震災の時の反省から出来たシステムで、災害派遣要請や上級司令部からの命令を待つこと無く飛んでいきます。可動できる全艦艇の出航は、自衛隊始まって以来のものでした。

私も神戸で掃海隊司令をやっていた時は、普通は艦長とか艇長が操艦して出るんですが、「誰でも出航させるようにしろ。いざという時は、とりあえずぶつけてもいいから出せ」と言って幹部全員に練習させました。時間との勝負なので、各艇出航だけは誰でもできるようにしておけというふうにやりました。航空機も、色々な航空基地で、１時間程度で飛行できるよう待機、というような感じで訓練しました。映像伝送装置が装備され、上空から基地経由で首相官邸まで現場の様子がライブで出るようどんどん整備されています。

横須賀は１～２ｍの津波を観測しましたが、幸い被害はありませんでした。もし高い津波だと係留しているロープが切れてしまうんです。そうすると、どこに艦が流されるかわからない。なお、先ほどもお話したように、護衛艦はエンジンがガスタービンのものが多く、民間の船と比べれると燃費が悪いです。ただ、ガスタービンは起動が速く、回ればすぐ動力として使えるようになるので即応性がいいんです。

さて、洋上にいる艦艇は全部とりあえず被災地に行けということになりました。3月14日、統合任務部隊というのがはじめて編成されました。Joint Task Force-TOHOKU、略称JTF-THです。組織図では東北方面総監がその指揮官になりました。初めての原子力災害派遣もありました。自衛隊では日本全土を警備区域というエリアで分け、それぞれを管理する方面総監（陸）／地方総監（海）が居ます。私も幕僚をやっていましたが、防災会議などは総監部の方で行われました。呉や佐世保から東京湾に来た艦は横須賀地方総監の統制下に置く、というように行き先の警備区の総監部の指示に従います。地震が起きた時に陸上自衛隊と違うのは、海上自衛隊は修理中だったりしてどの艦艇・航空機が動けるかわからないので、まず電報を打ちます。「この艦、この飛行機が何機使えます」という内容を担当区域の地方総監にします。そうすると、地方総監の幕僚はそれを振り分けて動かすんです。

第1輸送隊の輸送艦「おおすみ」は国際的な災害救援の実動演習参加のためにインドネシアに進出していましたが、それが反転して日本に戻ってきました。東日本大震災で派遣された小さい艦から大きい艦まで、動ける艦はほとんど全部救災にあたりました。統合災害派遣部隊ということで、統合任務部隊の下に陸海空、海上の場合は日本各地から約50隻が集まりました。総監の幕僚だけでこれを全部指揮するのは大変だったので、当時の横須賀地方総監は、全自衛隊規模の司令部機能がある自衛艦隊司令部に総監部の幕僚を連れて指揮所を移動し、自衛艦隊司令部の幕僚達も手伝いました。

日本海側にある舞鶴の作戦室でもテレビ会議ができるように、当時から横須賀などと状況を共有できるようにしていました。また、当時でも各総監部に陸上自衛官の連絡官が一人いました。「陸の場合はこういう動きをするんですよ」と教えてくれる人で、統合運用が進んだので全国の主要司令部に陸海空それぞれの連絡官を幕僚として相互に送り合っています。発災直後の3月14日、海上は区域別に派遣された艦艇等を割り振りました。

先ほどお話したように、港湾が使えるかどうか調査をするための小さい艦も必要ですし、ヘリコプター搭載艦のような艦も必要だということで、港の状況に応じられるよう、それぞれ派遣された艦艇を大中小ミックスした編成にしました。ただ、気をつけなければならないのは、地震というのは一度で終わるものではなく、余震があったりして、また同じような津波が来るかもしれないので、それを警戒しながらの救援活動でした。

陸地にあまり近寄ることもできない艦もいるので、その場合は沖合の捜索もやっていました。震災から1カ月も経ちますと、だいぶ状況も変わり落ちついてきているので、編成自体も少し担当エリアを広くして沖合に居る艦艇の隻数も減らしていきました。各々の艦が交替しながら、2カ月後になると、特定の能力を持つ人員、機材が救援活動の中心となりました。原発の冷却水を供給するための給水支援、物資・人員輸送のためのヘリコプター、潜水員とゴムボート、それから衛生員、我々自衛隊の中に病院があったり医務室がありますが、そこに勤める人達です。お年寄りの方などで持病を持つ方がいますが、持病のための薬が手に入らない。薬の物流も途絶えてますので。そういう事情を聞いて支援したり、あるいは話を聞くだけで落ち着く人もいるんですね。

ご遺体の収容もですが、できればご家族のところに帰してあげたいということで、生存者救助が終わってもずっと捜索は続けていたんです。救援物資、生活物資も、初動では舞鶴等で艦艇に搭載した物資だけでしたけれども、やがて全国から色々な物資を集めてきて、艦が入れないところはホバークラフトやヘリコプターなどを利用して運びました。港が使えれば、大型船を横付けしてクレーンを使って色々な物資の輸送ができますが、港湾が使えず、港内に多くの浮遊物がある場合はホバークラフトが活躍します。

沖合15㎞ぐらいでイージス艦の見張り員が見つけ、震災後2日間屋根の上で生き延びた人を救助した事例がありました。3月のすごい寒さの中の出来事で、これはドラマにもなりました。こうしたケースに触れて、やはり捜索というのは諦めてはいけないと痛感しました。

「ちきゅう」という地球深部探査船があります。デリック（掘削やぐら）はすごい高く70ｍもあり、海底に杭を打って地球の深部を探査する船です。震災発生時は八戸港に停泊中で、津波到達前になんとか離岸できました。ただ、ちょうど小学生が船内を見学中で帰れなくなってしまい、それを海上自衛隊のヘリコプターで救出することになりました。流された沖合がちょうど八戸航空基地の滑走路の延長線上だったんです。三沢基地は津波にやられたんですが、ここは使えるなと思ったら、「ちきゅう」にはでっかいマストがあって、離着陸の障害となり、ヘリコプターしか使えなかったということがあり、これは想定外でした。それから神戸の阪神淡路大震災の時も同じでしたが、船の乗員は陸に上がったカッパで、陸上自衛隊の装備と違って、半長靴という足首までガードした安全靴もなく「非常に危ないねえ」という状態でした。その中でも何かできないかということで、救助に行ったりしています。

災害後の海にはたくさんの廃棄物が浮かんでいます。例えば家が丸ごとです。その中にももしかしたら生存者が倒れているかもしれないので、捜索に行きます。命をかけながらですね。車の中でも人がいるかもしれない。車のガソリンなどが浮いているので潜るのが大変でした。御遺体を収容するのも非常に一苦労です。やはり一人でも家族の元に届けたい、お墓に入れてあげたいという想いで活動していました。

ドラム缶燃料油系は、国内法でフェリーで運べる量が制限されています。そのままで法整備されていなかったので、災害派遣の際に必要な燃料を運ぶ事がなかなかできなかったのですが、自衛隊は国内法の適用外だったので、自衛艦で函館―大湊の間を運び、そこから被災した各地に届けました。陸上自衛隊のほうでは、道を塞ぐがれきを重機で取り除いたり、橋が壊れたところに仮設の橋を架けたりして、物流網を回復させています。

もう一つが原子力ですね。厄介なのは、放射線が残る場所では、当時としては珍しい防護服を着ないと作業出来ません。戦車というのは核爆発があったところでも行動できるようになっており、気密性が高いということで、例えば、がれきをどけたりする等、何か使えるかもしれないと思っていたんですが、実際は使うことはありませんでした。

また、ヘリの搭乗員も宇宙服のように完全防備してヘリコプターで水を撒きました。これを見た米軍が「日本は本気になった」と感じたそうで、米軍の支援がかなり積極的になったと聞いています。やはりやる気を見せないと日米同盟というのも機能しないんですね。福島第一原発の冷却水が途絶えてしまうとメルトダウンをするかもしれないということで、米軍がバージ（はしけ：荷物を運ぶ平底の船舶）に水を入れて運べばいいじゃないかと米海軍のバージを差し出してくれて、それを舞鶴の艦が引っ張ってきました。「ひうち」という多用途支援艦ですね。水蒸気爆発した時に放射線を浴びないために防護服を着て活動していましたが、意外に通常値だったんです。脱いでやりたかったんですが、やはり万が一ということもあって着たままでした。非常に息苦しく作業は大変でした。

JTF-THという略称も、米軍がわかりやすいようにです。アルファベットのほうがわかりやすいので。横田の在日米軍司令部を通じて米軍と情報交換しながらの共同作戦でした。米海軍も原子力空母「ロナルド・レーガン」などを派遣し、救援物資輸送、自衛隊機への燃料補給、捜索救難活動というかたちで支援してくれました。強襲揚陸艦「エセックス」は日本海から孤立した宮城県気仙沼大島の支援にあたりました。これは、福島第一原発の事故の影響のないところから、ヘリを使って支援をしてくれました。「トモダチ作戦」ということですね。

米軍も色々と慣れているので、音楽で癒したりとか、マンパワーで災害現場を片付けたりしましたが、特に、地震と津波で被害を受けた仙台空港の滑走路を見て「これは使えるぞ」とバーッときれいにして、そこを起点にして物資輸送を行っています。

被災者の心のケアも大事でした。給水支援、海上自衛隊のお得意技になったのがお風呂ですね。やはり日本人はお風呂に入れると元気になります。また、充電できる環境を用意したり、洗濯等、色々なケアをやっています。特に、女性の被災者の方も多いので、音楽隊の女性隊員を臨時勤務で乗せて行き、待ち時間に演奏して、心のケアもしました。

ヘリコプターが降りられる場所が、実際の診療所や避難している人々がいるところとちょっと離れているという場合、民活、あるいは自治体の人たちが間をつながないといけないいません。

このように色々な面に配慮しながら、各種装備を活用して、我々海上自衛隊は災害救助活動を行ってきています。寸断された物流の大動脈を、まず海を介してバイパスし、毛細血管のような端末輸送等、出来るところから徐々に民間の物流に移管していくことだけでも、まだまだ調整・整備していかなければならない面もありますが、物流のレジリエンスは官民一体して互いの実力と役割分担等を事前に研究し準備しておくことが肝要ですので、ここまでの我々の活動、災害時の物流のリアルや、そこで果たしてきた我々の役割・貢献についてご理解いただければ幸いです。

第９章

美術品の物流―Art of Logistics

日本通運株式会社関東美術品支店　営業課長　大木康代氏

1．美術品事業部について

皆さんこんにちは。日本通運関東美術品支店からまいりました大木康代と申します。先に自己紹介からお話しします。私は就職して最初に大阪支店の引越・美術品センターに配属となり、美術品専門メンバーの一人として仕事をはじめました。その後、美術品輸送を特化させるべく、「美術品事業部」が設立されました。私も関西美術品支店で働くようになり、主に営業職として、お客様のところに行ってお見積を書くところからはじめ、輸送の流れの御提案をし、そのお仕事が受注できれば、実際の作業を手配をしてきました。

珍しいもの好きで何でもやりたがる性格、自分でやらないと気が済まないので、実際に作業着を着て現場に行き、メンバーと一緒に梱包することもあります。

その後、本社で勤務するようになりました。本社美術品事業部が東京にあります。そこで世界各国の美術品専門の輸送業者の方々と輸送の段取りを打ち合わせしながら、国際展の輸送を進める業務につき、関東美術品支店にいる今も引き続き海外との輸送調整を行っています。

思い入れのある展覧会としては、北斎や鳥獣戯画、長谷寺や東大寺、西洋絵画ではルノワールやゴッホなどを運んできました。美術展もいろいろありますので、キャラクターの展覧会もありますし、この頃ではラグジュアリーブランド様等も展覧会をよく開かれていてそういうお手伝いもあります。

2. 美術品輸送の対象物

今日は文化財や美術品の輸送について考えてみます。まず、美術品とはなんでしょうか？　この定義を考えるのが、実は私達にとっても難しいんですが、例えば皆さんはどういったものをイメージなさいますか。「一つしかないもの」というところはイメージできますよね。他にはどうでしょう。繊細な細工が施されていたり、誰が見ても綺麗だと言いたくなるもの、というところですよね。『広辞苑』を見ますと「美術の作品絵画、彫刻工芸などの作品」というような書き方をされています。また、関税法で通関をする時に色々な品物の分類をするためのコードがあるんですが、その中では、「大量生産されるものではないもの、複製品ではないもの」と定義していますね。「商業的な性格を持っていないもの」というようなところが付け加えられていたりもします。また、文化財というふうに考えたら、国宝・重要文化財あたりも該当しますよね。では、国宝というものが日本に何点ぐらいあると思いますか？　実は、2023年7月現在1，136件です。重要文化財になると1万3，429件、ものすごい量の文化財があるんですね。こういった貴重なものが日本にはたくさんあるということです。これら文化財は非常に長い歴史の中で日本国民皆さんが守り伝えてきた貴重な財産です。

お寺の仏像等は御寺宝とも言いますが、信仰の対象になってくるので、大変貴重なものとなります。作家の卵によるもの、例えば公募展のために作られる作品なども運んでいます。どれも非常に貴重な作品で、これもやはり世に二つと無いもの、大切なものだと思います。こういったものを総称して、「美術品」と私たちは捉えております。代替がなくてかけがいの無いものを、私たちは運んでいるのです。

では、美術品が運ばれる機会について、どういうタイミングで運ばれるのでしょうか。一番多いのが、やはり展覧会の輸送かと思います。肌感覚で言えば、私たちの仕事の大体90％以上は展覧会の輸送です。展覧会を作り上げる時に出品される作品は日本各地から、または世界から集められます。その時に輸送が発生します。その際に美術館や博物館の中で展示するところまで、例えば美術館の壁までトータルで輸送をさせていただいております。

展覧会だけはなく、美術品調査・研究する際にも輸送されます。先ほどお話した国宝や重要文化財は毎年指定のタイミングがありまして、一堂に集められ、審議にかけられます。そこで国宝や重要文化財が増えていくのですね。

美術品の多くはやはり脆弱で、劣化もします。その修復のために輸送されることもあります。オークションなどで売買される時も輸送が発生します。もちろん移転や引っ越しに伴って美術品が運ばれることもよくあります。脆弱な物、できるだけ大切にそのままの状態で置いておきたいですよね。繊細なものを壊さずにずっと残していこうと思ったら一番良いのはやはり触らないことです。でも運送するには必ず触らなければならない。そうすると傷むリスクが出てきます。

文化財は私たちの貴重な宝です。これを今までは保存する意識で進んでいたのですが、最近は文化財保護法も改正され、文化財を保存しながらどんどん公開していこうという流れに変わりました。展覧会に出品して、皆で見る機会を持って、この大切なものを共有していこうという機運に切り替わってきています。公開することに対し、ハードルを下げるために美術品の保証制度もできて、これまで貴重な品物を運ぶ際に保険をかけるには高い費用が必要でしたが、それを政府が保証することで展覧会の回数を増やしていく、というような主催者が展覧会を開きやすいようにする取り組みもされています。色々な法律が、文化財を展示しやすく変わってきています。ですから、輸送のリスクからいかに美術品を守るかというところに、今、私たちの存在意義があると考えています。

ところで、美術館・博物館などの施設で展覧会が行われておりますが、それは誰が作り出すのでしょうか。実際、私たちは運送会社なので、運送の発注をされるお客様として、私たちの認識では、まずは美術館・博物館施設の方々が頭に浮かびます。ここに「マスメディア」と書いてあります。これは日本での非常に特徴的な面です。展覧会を企画するのは、美術館・博物館施設の方々という認識ですが、大きな展覧会には大きな費用がかかります。それをサポートするかたちでマスメディアが存在します。マスメディアには文化事業部や企画部といった部署があり、展覧会の運営などに関わられています。百貨店も企画運営部署を持ち独自の展示施設を運営されている百貨店もあります。企画会社は企画そのものを作るところで、特化された団体だと認識しております。

美術館・博物館も公益財団法人や、または宗教法人が運営されているところがあります。お寺の中で展示施設を持たれる他、布教活動の一環として、御寺宝を全国各地の信者さんに見ていただくかたちで展覧会をされることもあります。

３．美術品輸送の歴史

次に美術品輸送の歴史をご紹介しておこうと思います。弊社の活動がおそらく日本の美術品輸送の歴史の中で最も古いと思います。１９４９年に法隆寺で火災があり、金堂が焼けてしまいました。放火があったと聞いております。この時に文化財がたくさん燃えて無くなってしまいました。この件を契機として文化財保護法が制定されました。この時に文化財保護委員会が設置され、そちらの印刷物の輸送を弊社が行いました。ここが美術品輸送にたずさわるきっかけだったと言われています。その後の１９５１年、戦後6年のタイミングで日本とアメリカで講和条約を結ぶ際、日本の古美術を大々的にアメリカで展示して講和条約を記念しようと、「日本古美術展」がサンフランシスコのデヤング美術館で開催されました。この時に仏像や日本の古美術１７０件ほどがサンフランシスコまで輸送されました。この時に日本通運の美術品輸送がはっきりしたかたちで始まったのです。

なお、日本国内の輸送では、京都で行われた「日展」を取

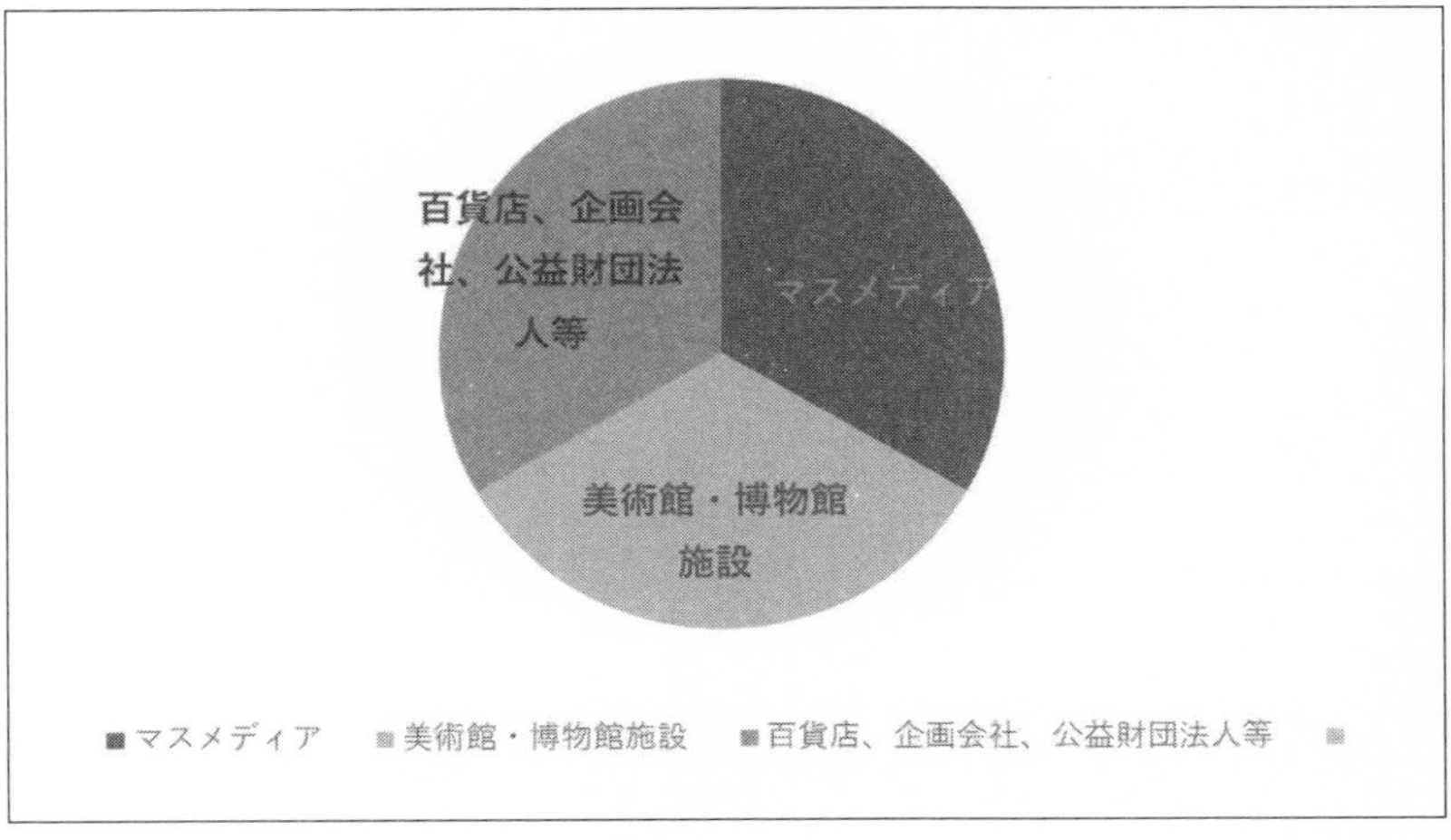

り扱ったのが、まずスタートだったと言われています。

　昔の輸送で有名なのが「ミロのヴィーナス展」、東京の国立西洋美術館と京都市美術館で開催されました。パリから船でヴィーナス像が運ばれてきました。関係者は皆、非常に慎重です。石も非常に脆くなっているため、絶対に振動を与えないでほしいというリクエストが出ました。トラックで東京から京都まで輸送するにあたっては、昔は道路の路面もそれほど整備されていなかった時代、下道で箱根を越えていますが、山道のトラック輸送、時速は30㎞、東京から京都まで3日間かけて輸送されたと聞いております。

「モナリザ」搬出中の美術品専用車
出所：物流博物館

19分の11 ミロ・ビーナス
出所：物流博物館

　次に「ツタンカーメン展」。東京国立博物館で開催された展覧会です。これも博物館の記録に残る入場者数だったと聞いております。

　「モナ・リザ展」も

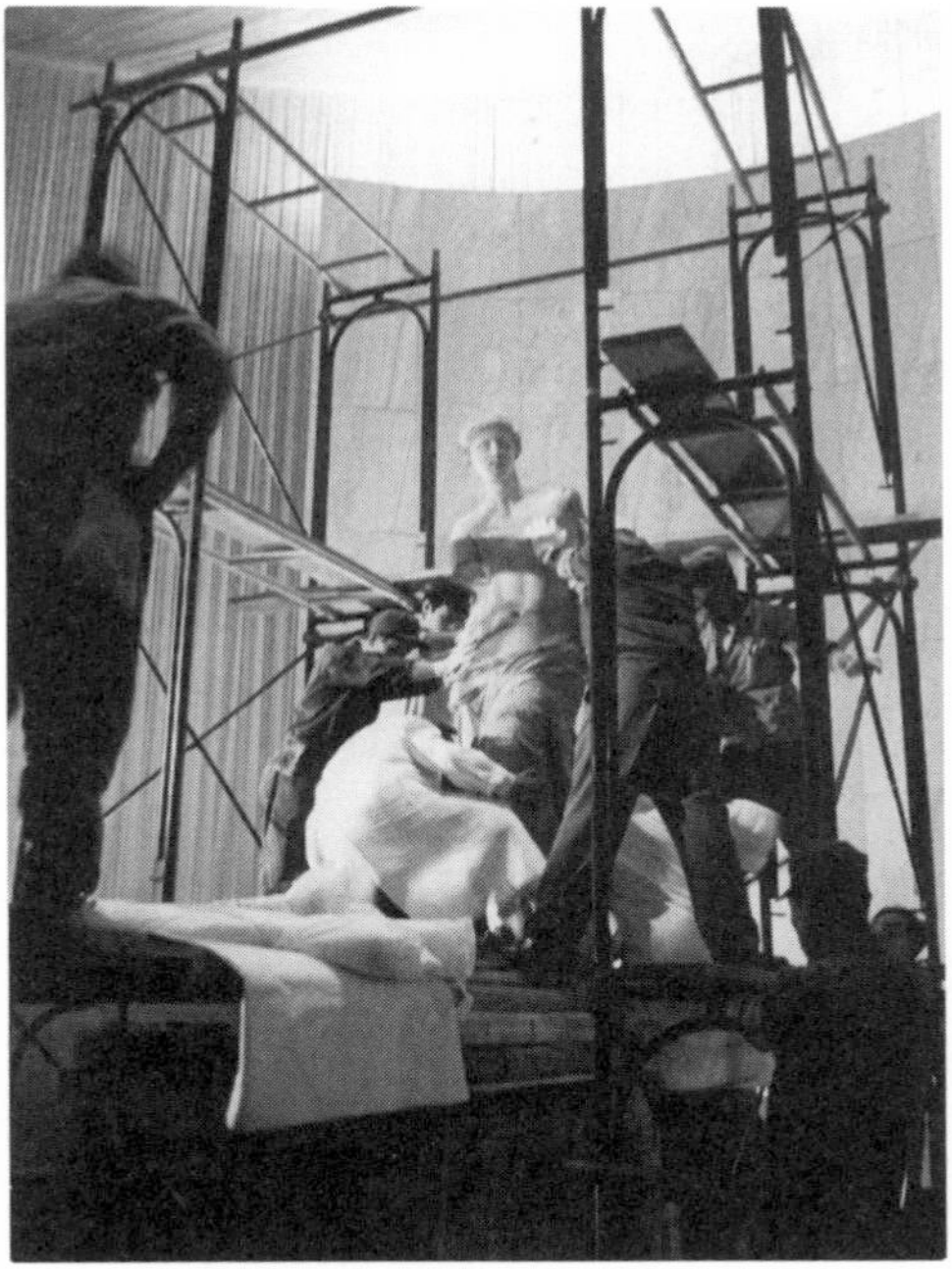

開包され台座上にのせられたビーナス像
出所：物流博物館

ありました。「モナ・リザ」は普段、ルーヴル美術館にありますよね。非常に丁重に保存されており、防弾ガラスの中で展示されています。柵がしてあって、誰も近くに寄れない。しかも横に警備員が立っており、厳重に展示されています。これが海外に出たのは、日本に一回きりだと聞いておりますが、この時もすごかったそうです。入場者１６０万人、この絵画１点のために集まったというすごい記録です。こういった展覧会に関わらせていただいています。

４．美術品輸送業務の全体像

次に、美術品輸送の流れを見ていきます。当社は日本の各都道府県で1支店は、必ず美術の輸送ができる人員と車両を持っています。毎日美術作業を扱っている支店は東京や名古屋・京都の大都市部に集中していますが、展覧会自体は日本全国で行われています。各都道府県にある美術館博物館で、そこでのお仕事が円滑にできる万全の体制をとっています。このメンバーが全国各地を飛び回り、輸送につなげています。

展覧会のために美術品を輸送する際の一連の流れを書き出してみました。「本当に大切なもの、信頼をもって頼むしかない」と御寺宝を託されたお寺の方がおっしゃっていましたが、その想いを背中に受けて輸送しなければいけないので、できるだけ輸送リスクが少ないように配慮します。まず最短の輸送経路が取れるように考えます。展覧会はたくさんの品物が並び、色々なところから運ばれてきますが、それぞれ安全に運行できる時間帯やルートを工面します。この点、コストをセーブするためにいかに効率よく運んでいくかという混載輸送と違う点です。どうにかしてリスクを減らして運ぼうというところが、美術品の輸送の特徴です。

輸送をする時は、美術品が置いてあるところから責

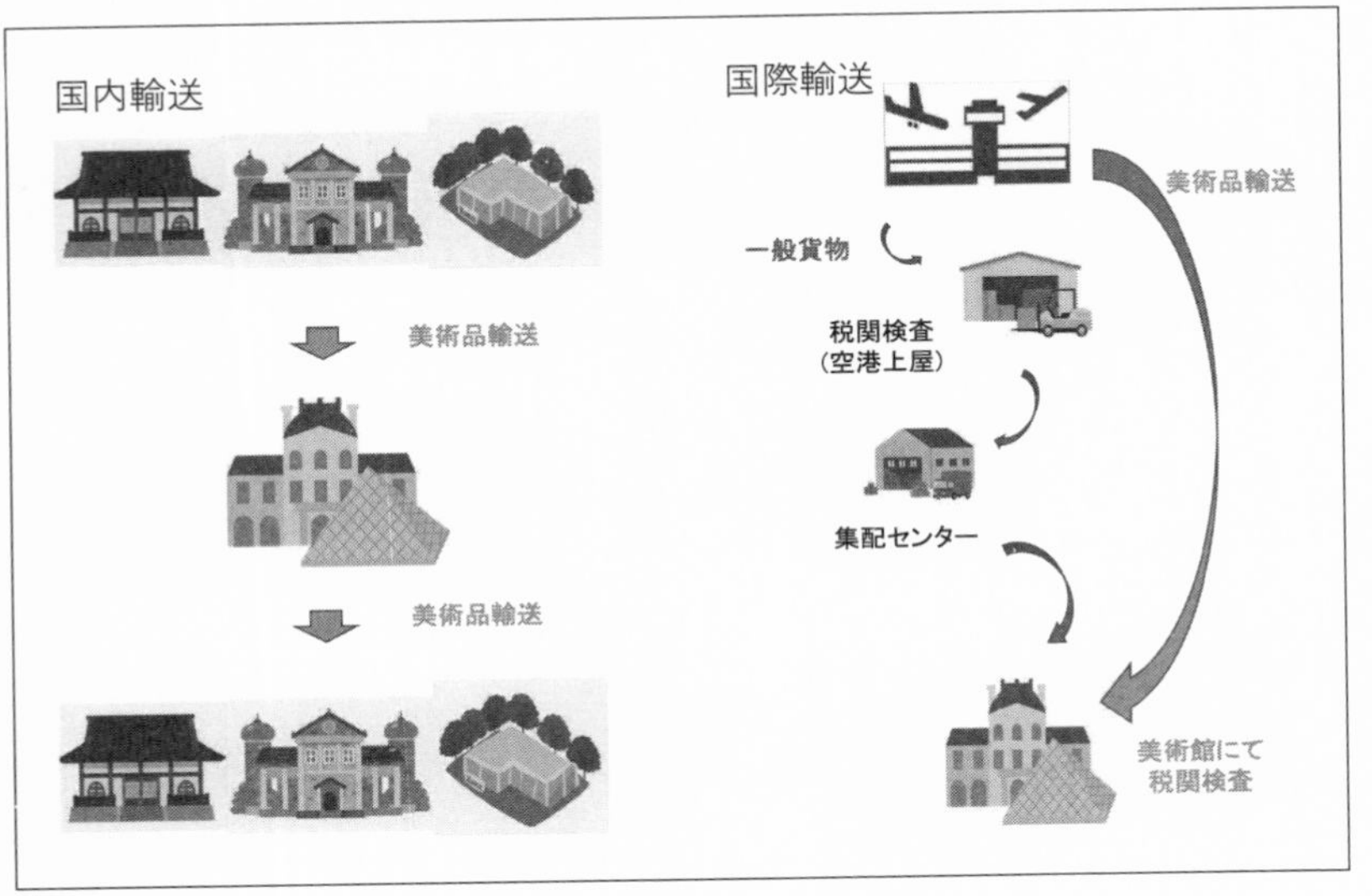

任を持って運ぶドアｔｏドアという輸送です。貸切輸送が基本になります。貸切は、他の品物と紛れない、途中で抜けたり口割れすることがないという利点があり、防犯面からも適しています。

また、主催者や学芸員の方、作品を専門に研究されている方や、クーリエという呼び名で、作品を管理するために一緒に同行される方がいらっしゃることが特徴的です。作品の保全のために状態の写真を撮ったり、コンディションレポートを撮ったり、保存調書をとられながら保存し、何かあった時に的確な指示をすぐに出す役割の方です。所蔵者の大事な預かり品である美術品を、何が何でも大事にそのまま運びたいという思いですね。それを実現するために、主催者の方も一緒になって、手立てを考え、輸送に立ち会われます。

専門家の方がずっと梱包の様子や輸送の様子を見てらっしゃるんです。一見何気なく作業しているように見えるかもしれませんが横でずっと見られたら緊張しますよね。緊張すると手が震えてきます。いつも普通にできることができなくなってしまい、普段ならありえない失敗さえ起りかねない、というのが人間の心理だと思うですよね。その中でも平常心を持って運ばなければいけないというのが美術品輸送の隠れた一面だと感じています。

美術館・博物館の中はすごく良い環境です。物は、強い熱や光・湿気が当たると褪色や変色や退化が起こりますが、そういったことがないように美術館は常に一定の環境、大体温度として20度ぐらい、湿度も50％～55％を保たれています。実際、美術館に置いている物はずっと良い環境にいます。寺院などですと通常、空調設備のないところに置いてあることが多いのではないかと思いますが、美術館の環境まで持っていき急な温度変化があると困るわけです。美術品輸送においては、美術館や博物館と同じような環境に近づけながら運べるように気をつけています。

国際輸送においても、同じです。国際輸送では海を越えた遠いところからやってきます。例えば飛行機に乗って美術品が到着します。通常の輸入品の流れでしたら、まず、空港の上屋に入れられて税関の検査を受けます。税関の検査が終わったら、次に集配にかけられ、そこから最終的な到着地まで運ばれるといった流れになります。ということは、異なる場所で3回以上の積み降ろしが発生します。そうなると時間もかかりますし、積み降ろし回数が増えればリスクも高まります。美術品はたくさんの場所を経由するのではなく、最短経路で輸送したいと考えます。しかし、外国貨物は通関が行われない限り日本で取り扱いできません。そうした場合、すぐに美術館に運べるように、税関から「保税運送」という特別許可をもらい、美術館に入れ、その後に通関手続きを行うといった流れをとります。厳しい法的仕組みの中でも、許される中での特別措置をもって対応します。日本国内だけでなく、海外でも類似の理論にもとづいて輸送されているのが現状です。

5. 美術品輸送に適した輸送モードとは

次に、輸送モードから美術品輸送を見てみたいと思います。「輸送」と一口に言っても、色々な様態が出てくると思います。ジャンルとしては、移転や引越、倉庫の輸送、重機建設輸送、警備輸送などがある中の一つとして美術品輸送もあるのかなと考えています。さらに美術品輸送の中にも色々な運び方があります。運び方というカテゴリーで見ると、自動車輸送や鉄道輸送、航空貨物輸送、船舶輸送などが出てきます。私たちは、美術品輸送というものは一つの型に収まらないと考えていますが、言い方を変えれば、色々な輸送の仕方を組み合わせて物を運ぶということです。ですから、美術品で重いものがあれば重機建設輸送と一緒にタッグを組んで輸送しますし、美術品を輸送する時、やはり心配だから警備を付けようということがあれば、警備輸送と一緒にタッグを組んで輸送します。

では一例として、自動車輸送の場合を見てみましょう。普段、バン車とよく呼んでいますが、後ろにアルミの箱が付いている車です。それから後ろにゲートが付いているトラック、大きなものを運ぶ時はウイングゲート車、横開きのトラックを使うこともあります。さらに大きなものを運ぶ時はトレーラーを使います。そんな時も、空調が付いてるトレーラーを用意します。

例えばユニック車と呼ばれるクレーン装備のトラックを使って狭いところから吊り上げて、広いところに出してからバン車に積み替えるなど、工夫します。様々な車両の中で、特に美術品輸送の代名詞となるのは美術品専用車と呼んでいるバン車です。大きさ2～4ｔトラックが最もよく使われます。大きいものは10ｔトラックになります。長時間の自動車輸送では気候の変化にも影響を受けやすく荷室の環境が悪くなるため空調や加湿機能を付けて対策します。それから、正に一番大切なところとしては振動を軽減させるようにエアサスペンションを装備しています。車の中に物をしっかり固縛できるようにレールを付け、クッション材を使って保護をしやすくしています。

それから、美術品輸送の特徴としてお客様が一緒にご同行されることもよくあり、お客様席を付けていきます。普通のトラックは輸送効率を考えて荷物を積める場所を大きく作る傾向にあるのが、違うところです。高価な品物が多いので、施錠システムが必須です。自動ロックシステムや警報装置、ＧＰＳ等を設置しています。実際の車内の写真をみると、一番奥に見えてるのがエアコンで、荷物を積む時に差し障りがないようにフラットな設計がされています。車によってはクッションが固定で取り付けられている仕様の車もあります。また、車両の壁にレールがあるのが特徴です。貨物固定のためバンドをどの位置にもしっかり固縛できるようにレールがぐるりと付いています。

昔の輸送では鉄道輸送が美術品輸送で使われてたようですが、振動が難点です。たくさんのコンテナを同時に運ぶので、1個あたりのコンテナの輸送料は非常に安く設定できます。また、環境にも優しい点で推奨されるべき輸送だと思います。ただ残念なことに、輸送振動が多く、取扱時も中に何が入っているのか見えない状態で扱われるのはリスクが高く、また、ガントリークレーンなどで積み降ろしする時の衝撃は非常に強いです。これらが、あまり使われなくなった事情になります。

航空輸送の状況も見てみましょう。トラックでコンテナ輸送する時は、四角いコンテナでしたよね。航空輸送用コンテナの方は何か変わった形をしていると思いませんか？　四角い方が物をたくさん詰め

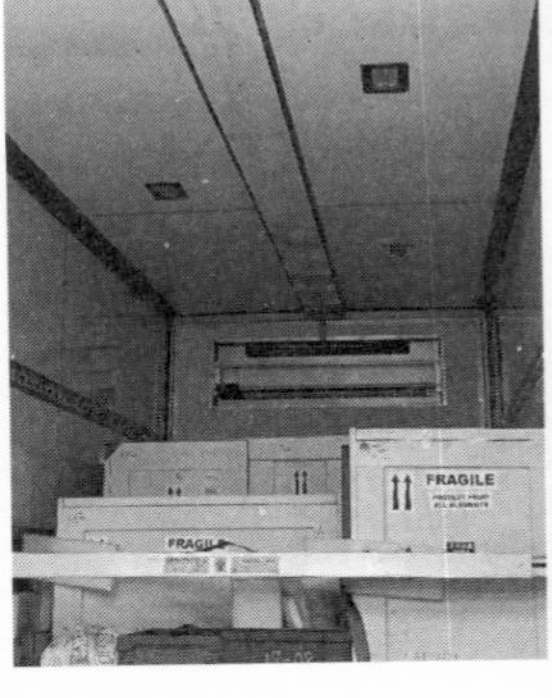

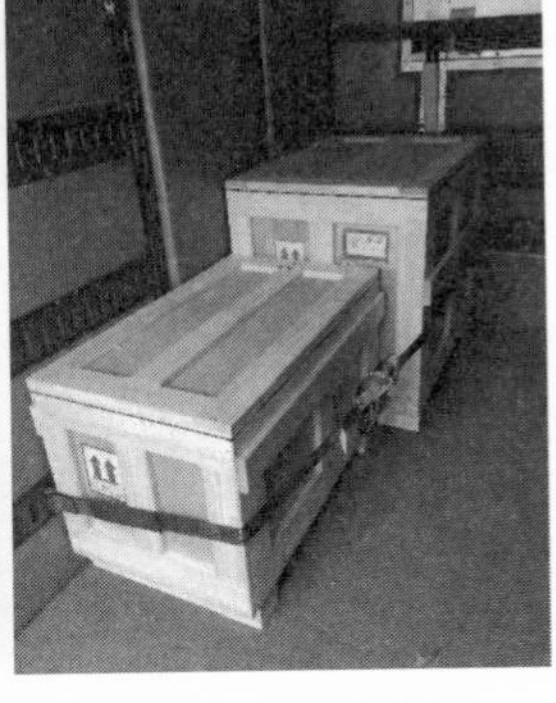

ます。しかも、四角い方が積み付けしやすいはずです。飛行機の断面図を見ると分かるのですが、飛行機の下の丸みに合わせるため、積む時のコンテナの下の部分がちょっとカットされているんです。

飛行機での輸送の場合、高度１万ｍの上空を飛びますが、高度が上がると気温が下がります。となると、飛行機の中も温度が下がっていきます。空気が冷えてくると結露し水滴がつく。梱包した中の作品に対して結露防止策をとらなければいけません。

航空機搭載時の風雨対策も必要です。このコンテナやパレット等ＵＬＤと呼ばれる搭載具に固縛し、ビニールを幾重にもかけた上で機内に持ち込まれます。

貨物機では高さ３ｍまでの荷物が乗せられます。旅客機に乗せる場合は、客席の下の部分には高さ１６０㎝まで搭載可能です。皆さんも飛行機に乗る時に見たことがある光景だと思いますが、飛行機のお腹の横が開いて、そこから貨物を入れています。

ルーヴル美術館の「民衆を導く自由の女神」が運ばれた

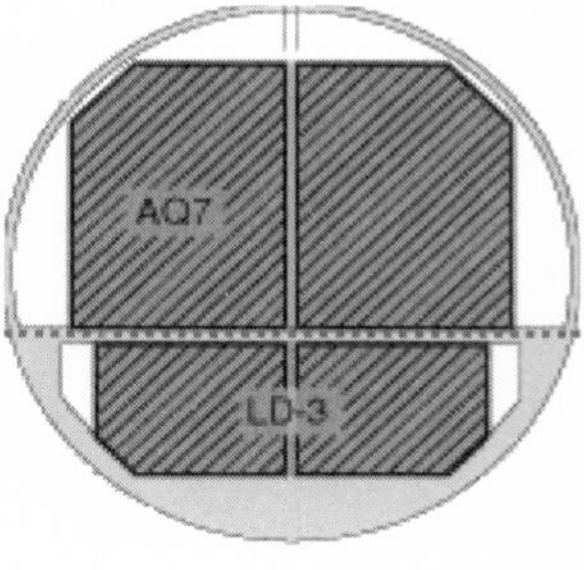

時、物の安全を確保するために三重構造の箱にする指示が入りました。大きな作品を入れた三重構造の箱はとても大きくて飛行機の横のお腹から入らない。頭から搭載されています。

飛行機輸送は輸送にかかる時間が非常に短いので、輸送するリスクは鉄道輸送や自動車輸送よりもはるかに低いと言われています。ですが、サイズや重量といった制限が出てきます。また、飛行機に乗せる時にどうしても搭載を外で行うことになるので、リスクも出ます。あとは、飛行機輸送は運賃が非常に高いです。コロナ禍の時代では欠航が相次ぎました。飛行機が飛ばないということは輸送スペースがなくなることになります。最近までスペースの確保に非常に苦労をしていました。

船の場合は通常ドライコンテナが多く利用されますが、リーファーコンテナという空調機能が付いたコンテナもあります。時間がかかり、沈没のリスクもありますので、船での輸送はあまり選択されないものの、利用時はリーファーコンテナを使います。やはり船は大きなものを運べるというところが最大の利点です。オープントップやフラットラック、こういった種類のコンテナを使っての輸送も可能です。けれどもコンテナが赤道直下を経過すると、温度が高くなります。コンテナは金属製ですから、熱が伝わりやすく、貨物に影響が起きやすいのです。また、一緒にクーリエの方が寄り添うこともできないので、できるだけ海上輸送は避けたいというところがあります。

まとめますと、国内輸送はトラック輸送が一番メインになります。現状、ドアｔｏドアの輸送が出来るのはトラックのみです。お客様にも立ち会っていただけます。ただ、渋滞や事故の可能性も出てきます。鉄道輸送は定時性がありますし、環境的にも良いので、これもいい輸送だとは思います。事故率は低いです。けれども、振動の衝撃が心配ですし、お客様も同行できません。航空輸送は輸送リスクが低いという最大の利点があります。ただ、サイズに制限があり、梱包をしっかりしなければいけないところもあります。運賃も高いです。船舶輸送は大型品の輸送に一番メリットがあります。運賃もそれほど高くないという利点はありますが、温湿度の難がありますし、コンテナの衝撃さらには潮風の影響がありますので、こういうリスクも考えると、やはりトラック輸送だということになります。

国際輸送の面では、航空輸送が選択されます。輸送時間が短く、直行便での最短輸送が叶いやすい。定時性もあり、旅客便でしたらクーリエの同乗もできます。ただ、貨物サイズに制限があり、運賃も高い。飛行機にも延着や、重量制限で積みきれなかった、積む予定だったのに飛行機に乗ってなかった、ということも起こります。そうなると本当に大変です。飛行機到着に合わせてトラックが空港に向かうのですが、「載ってない」と空港ランドスタッフから伝えられるのです。展覧会の展示作業に間に合いません。そうなると、トラックの手配をし直したり、展示のスケジュールを変えたりと、リカバリーが本当に大変です。

海上輸送の問題点は、輸送時間が長くなることです。例えば日本からヨーロッパまで運ぼうとすると約１カ月かかります。飛行機で１日のところが船なら１ヶ月、という差になります。

6．天然素材で「誰でも見て分かる」梱包を

では、梱包のお話をします。まずご紹介したいのが白薄用紙。当社が開発した特別な和紙です。これは、特殊な繊維構造をもち、まっすぐに切れます。これを切って紐にすると、立ったまま持てるぐらいの強度があります。美術品を梱包するにあたって、まずは薄葉紙と綿布団を使います。非常にきつく縛っても切れない頑丈さなので、すごく重い彫像でもまずはこの薄い紙で梱包します。もちろん、力を入れ過ぎると切れますが、よっぽど強く引っ張らない限り切れません。この力加減というのが美術品に対して適していると考えています。紙は揉めば揉むほど柔らかくなります。ですので、漆がめくれそうな肌を持つ仏像などを梱包する時でも、紙を柔らかく揉んで当てると、当たりが良くなります。軽いもの重いもの力加減を変えて包みます。また、この紙は中性なので作品に化学的な影響を与えることがなく安全です。天然の素材なので、吸湿性や保温性にも優れています。綿布団もよく使いますが、綿も天然綿を必ず使っています。周囲の温湿度が変化しても美術品にとってちょうど良い具合に徐々に調整されます。

梱包の形状には作品の大きさ、形に合わせて無駄無く梱包していくことを心がけています。昔は必ず品物の全面に薄用紙、綿布団を当て、しっかりと合うように梱包していましたが、最近は脆弱なところにはできるだけ当たらないように考えてシンプルに梱包するように心がけています。「空也上人」という口から小さな仏様が出ている御像を梱包した際も、一番デリケートな部分には触らず、他は薄用紙や綿で梱包しています。こうしておくと、誰が見ても「ここが危ない」と目で見てわかりますよね。また順序や方法などルールを作って標準化することで、次に開梱する人が安全かつスムーズに開けられる、誰が次に担当しても同じよ

うに再梱包できる、という循環が出来上がります。

内装梱包が終われば、次は外装梱包に入ります。座りがいい坐像でしたら、「L型」と呼ばれる木枠の半サイズの型を作って、これに固定していきます。立っている御像でしたら、救急車の担架と同じく、寝かせ揺れないように固縛していきます。外装梱包には段ボールや木箱などがあります。箱の中には緩衝材を必ず入れて、クッションを入れています。横は透かし木枠です。色々な形の像があるので、立ってる御像でも立ったままの状態で梱包することもあります。衝撃などから守るためにさらにクッションをあてて積み付けします。強化段ボールなども使っています。必要に応じて調湿剤を箱の中に入れます。物に応じてミリ単位で調整しながら作成しているため、再利用ができず、資材は一回使ったら廃棄せざるを得ないのが現状です。最近ではサステナビリティの観点から、資材を再利用する取組みや、カーボン等反復素材使用の取組みが始まっています。

梱包するのは、品物だけではありません。重要文化財などに指定されているような建物には養生梱包をします。

7．一時保管に対する取組み

保管施設については美術品が安全に蔵置できる良い環境であるべきと考えています。温度20度前後、湿度50～55％前後、という定温定湿の美術館と似た環境を作ることに努めます。空調設備はもちろん、消火設備についても、ガス消火で物に液体がかからないような消火システムが望ましいです。施錠システムは、いわゆる鍵だけでなく指紋認証など複雑にすることで防犯機能が高まりますが、さらに監視システム、警備システムも組み合わせます。最近では、デジタルアーカイブやＲＦＩＤなどを組み入れ物の出入をシステム的に管理する取り組みも始まりつつあります。

保管中に虫が侵入すると虫食い等ダメージ発生の恐れがあります。虫やかびの被害から文化財を守るために、保存環境を整えなければなりません。文化財の虫菌害対策を取り組むＩＰＭコーディネータという資格制度があり予防措置や防除方法、安全対策の普及や啓もうが進められています。

8．技術の向上と継承の工夫

「ハインリッヒの法則」というものがあります。1個の重大な事故がある時には、29個の軽微な事故や災害が裏にあり、さらにその29個の軽微な事故の裏にはヒヤリハット、「ハッ！　もしかしたらこれ事故になったかもしれない」「危なかった」「でも大丈夫だった」という３００個の機会があるという法則です。重大な事故1個を減らすためには29個の軽微な事故を減らす取組みをしなければならない、29個の軽微な事故を無くすためには、ヒヤリハット３００個を無くしていくしかない、そのためには日々地道な取組みをしていかなければならない、というものです。これを実現するために私達は毎日、KY活動を取組んでいます。まさしくＫＹ（危険予知）なんですね。これは労働災害に対する安全教育として行われていますが、美術品取扱に対するヒヤリハットも織り交ぜ、日々の安全活動、事故を未然に防ぐ安全研究を展開しています。

日々の活動とは別に、社内外で美術取扱技術講習を行っています。社内初心者に対しては先程の梱包のノウハウや技術、これまでの経験を伝承していくために、基本講習を必ず受講させています。講習で学ぶことで作業の統一化、均一化などルールを普及させています。さらに梱包技術を向上させるアドバンス講習や指導員の育成を行っています。技術講習は大学の博物館実習でもご要望をいただき、開催していますが、海外でも実施実績があります。

公益財団日本博物館協会様主催で、美術品梱包輸送技能習得取得士認定試験という制度が設けられています。高い美術品輸送技能という一定の基準を作り、日本国内全体の技術水準の向上を図るものです。当社も何百人と取得に努めており、今後も取得者がどんどん増えていくと思われます。

9．歯ごたえある仕事、比類なき達成感

最後のまとめに入ります。まず、美術品を運ぶことは、本当に一筋縄ではいかないということをお伝えしたいと思います。かけがえのないものを扱うというところで、案件毎にポイントが異なり、一つの正解に収まるものではなく、やはり難しいです。段取りが重要で、段取り八分、いろんなことを考えつつ準備をしながら取り組んでいます。その輸送には万全の設備体制をもって取り組まなければならず、輸送モードの選定や設備の整備などについて慎重に取り組んでいます。リスクから美術品を守り、美術館と同じような環境で運べるように、美術品に負荷をかけないように輸送するようにということに気をつけて取り組んでいます。

技術の継承をしながらも、輸送をするにはチームワークが大切だと痛感します。皆で相談しいろんな意見

を出し合いながら、梱包に挑みます。悩みに悩んで、一つの結論をだして梱包に挑みます。技術的にも手を尽くし、万全の体制で挑んでいても、それでも輸送が始まると、ものがものなので、「本当にこれで良かったのかな」と到着するまで悩み、本当に寝られない状況になります。だからこそ輸送が終わって梱包を開けて「無事運べた！」となれば、もう本当に皆で嬉しさを感じることができるのですよね。この写真の二人、この大きな彫像を梱包するのに毎日毎日どうやったらいいのかなと悩みながら取組んできまし

た。やっと梱包を完成でき、「無事に梱包できた！」という清々しい顔が印象的です。是非これをご紹介したいなと思いました。

美術品輸送はこのような仕事ですが、本当に面白い仕事ですので、良かったらまたぜひご覧になってください。今日は長い時間お話をお聞きいただきましてありがとうございます。

終　章

流通論から見たアート・オブ・物流

明治大学商学部教授　菊池一夫氏

1．はじめに

明治大学学部間総合共通講座「アート・オブ・物流」の講義に登壇していただいた先生方や企業等の担当者の皆様に厚く御礼申し上げたい。私も本講義に登壇をさせていただいた。情報化やグローバル化といった社会的に大きな潮流に対して試行錯誤しながら物流関連企業が対処している現状や、コロナ禍や災害などの想定外の環境下でマネジメントしていく過程で生じた懸命な努力や知恵についてお聞きした内容は私自身、とても勉強になった。自らの組織を取り巻く環境の変化に対して、各組織の理念や考え方が物流やサプライチェーンの在り方に作用することがよく理解できた。こうした社会的にも新しい動向は、とりわけ情報化の進展は従来の物流論、ロジスティクス論の理論的内容に一定の修正や変化を迫るものと認識している。

また明治大学に寄付講座を設置していただいた株式会社シーアールイー様にも御礼申し上げたい。株式会社シーアールイー様のご尽力がなければ学生にとってこうした魅力的な講座はできなかったといえるだろう。

2. 生産と消費を架橋する流通機能

さて、生産と消費を架橋するために流通があり、商的流通、物的流通および情報流通から構成されている（久保村 1991：井上 2023）。このうち商的流通は商品の所有権の移転にかかわるものであり、所有的効用を発揮させる。商的流通は、販売活動や仕入活動といった「取引」を基盤にしており、流通において中核的な概念を占めている。一方で物的流通は、商品の場所の移転による効用（場所的効用）や、商品の時間の調整によって効用（時間的効用）を発揮させるというのが流通論の大まかな見解である。特に物的流通は輸送活動と保管活動に焦点があてられるが、さらに細かく検討すると次のように示される（黄 2002）。

①輸送
②保管
③荷役
④包装
⑤流通加工

最後の情報流通は、プロモーション情報の提供と市場情報の収集と分析からなるもので商的流通と物的流通を円滑にするものとして捉えられてきた。つまり流通論では商的流通が物的流通に対して優先し（派生需要）、物流は「コスト低減」や「効率化」の対象として捉えられがちである。

物流産業については、一般的には陸上輸送、海上輸送、航空輸送からなる輸送機関と、倉庫業の保管機関といった形式で分けることも可能である。しかし情報化の進展によって商流や物流は情報流の影響を大きく受けるようになった。同様に、情報化によって産業構造も大きく変容している。そこで本講座では「アート（art）」という概念を用いて物流の講座の編成を行った。

3．アート・オブ・物流とは

そもそもアート（art）とは何であろうか。オックスフォード英語辞典によれば、art は左記のように記されている。

〝the use of the imagination to express ideas or feelings, particularly in painting, drawing or sculpture（特に絵画、素描や彫刻において、アイディアや感情を表現するための想像力の使用）〟[1]

ここから、art は自己のアイディアや感情を表出させ、想像力を活用することであるといえる。

これに加えて、グリニス・チャントレル編『オックスフォード英単語由来大辞典』によれば、英語の art はラテン語の ars,art- に由来している。ラテン語のもとは、「まとめる、結合する、合わせる（71頁）」とい

1　https://www.oxfordlearnersdictionaries.com/definition/english/art_1?q=art/　２０２３年10月3日アクセス。

うインド＝ヨーロッパの語根となっている。そして、もともとの意味は「技術」であったとされている。したがって、物流をartの視点から再構成すれば次の特徴が浮かび上がるだろう。

・人間の創造的な思考や活動を中心に置いている。
・物流の計画策定、活動、技術などを対象にしている。
・物流で生じる何らかの問題に対して、関連する知識を組み合わせたり、適用するプロセスとして捉えている。

物流のartは〝場所的効用や時間的効用を何らかの方法で創出するために人間の知識を生成させ、適用するもの〟と規定できるだろう。そして、知識をノウハウや技術などを包含するかたちで幅広く規定すれば、物流の現場の試行錯誤から生まれるものもあれば、技術変化に対応して自社にその技術をビジネスとして適用することやサプライチェーン戦略の策定レベルにおける知識の蓄積や適用の問題も、その範囲に含めることができるだろう。組織を取り巻く環境変化の中で、機会や脅威を人間独自の視点で見出し、物流における課題をリフレーミングし、従来の方法と異なる解決策を創出する（Dunne 2018）。そこでは物流において荷役活動、在庫管理、倉庫内の活動などのルーティーン化される諸活動は人間から機械に置き換えられて高速かつ大量に処理され自動化される傾向が強まる一方で、他者の感情や人間関係、社会構造の文脈を洞察し、創造性を発揮させる活動は今以上に人間の洞察力や想像力が求められるようになると思われる（Kotler et al. 2021）。したがって、物流においては限られたコストのなかで効率化を図るだけではなく、「アート」という視点を導入し、転換することで様々なステークホルダーに対して「効果」を発揮するものとして捉えることができるだろう。

4. 各講義の概要

本節ではアート・オブ・物流の特徴をもとに各講義の概要を説明していく。

①講義テーマ：「高付加価値の物流」、登壇者：千疋屋総本店代表取締役社長　大島博氏

千疋屋は、江戸時代の天保5年（1834年）に埼玉県の越谷市で、かつて千疋村といわれた場所の名前を取った老舗である。初代の店主は武士で槍の道場を経営していたが、不況のため千疋村で採れる果物と中川に目をつけ、船で日本橋まで果物を運び露店で販売していた。その後、日本橋を拠点に店舗を構え現在に至っている。登壇いただいた大島博氏は6代目の店主である。

同社はかつてメロンを自社で生産したこともあったが、契約農家から仕入れたり、近年の気候変動によって産地での果物の出来具合が様々であることから卸売市場を積極的に活用するといったように、状況に応じて仕入形態を採用している。その結果、安全で高品質でフレッシュな果物を消費者に提供することを重視し、そこで蓄積された知識（art）を基に、自社ブランドの価値を高める物流の仕組みを長年に渡って作り上げ、今もチャレンジし続けている。とりわけ提携先の仲卸業者の品質管理と同社の厳しい品質管理のもとで果物の品質が担保されている点には言及したい。また、同社の物流・生産活動はイノベーションセンターという物流センターを中心に行われている。そこではケーキなどの加工品の製造、コロナ禍で拡大したイン

ターネット通販向けの物流、卸売市場で仕入れた商品を各店舗別に出荷する店舗向けの物流が担われている。このことから、イノベーションセンターが扇の要であることが分かる。同社は果物のラグジュアリーブランドをポジショニングしており、「信頼」を基軸に日本橋のまちづくりにも積極的に参加している。

②講義テーマ：「MaaS（Mobility as a Service）と輸送のシェアリング」、登壇者：NEXT Logistics Japan株式会社代表取締役社長　梅村幸生氏

NEXT Logistics Japanは、「ドライバー不足によりモノが運べなくなる」という社会課題解決を志向する企業である。同社は日野自動車発の社内ベンチャー企業であるが、荷主や物流事業者などのステークホルダーからも出資を受け、物流効率の最大化（ドライバー不足の解消、積載率の向上）、安心安全な物流（労働時間の適正化、輸送品質の向上）、持続可能な社会の実現（環境負荷の低減、物流の利便性向上）を目指している。このため自動車業界のIoTのコンセプトであるCASEをもとに、情報技術を活用しつながるクルマ、自動運転、シェアリング、そしてトラックの電動化（電気自動車）に取り組んでいる。このように、物流の2024年問題に対して、同社は既存の物流構造を再編成するイノベーションを試みているのである。

③講義テーマ：「進化するAIと物流―世界的ガリバー企業の取り組み―」、登壇者：株式会社ダイフク人材戦略部　細川誠氏

ダイフクはマテリアルハンドリングを中心に優れたセンサー技術を活用する世界シェアのナンバーワン・

メーカーである。ダイフクは荷役機器の製造から始まり、センサー技術を中心とした情報技術などを駆使して、物通センター、自動車工場、半導体工場、空港などをフィールドに、倉庫内の物流活動の円滑化を手掛けている。つまり顧客企業の物流面の生産性を向上させる提案と実行を行える優れた企業である。ニッチな領域に特化しつつ、先端技術を不断に取り込み、自社の強みへと変換していくテクノロジー駆動型の企業である。

④講義テーマ：「物流のプラットフォームと中小事業者の活性化」、登壇者：CBcloud 株式会社代表取締役松本隆一氏

CBCloud 株式会社は2013年に設立されたベンチャー企業である。同社社長の松本氏は航空管制官の経歴を有しており、義父が物流関連の仕事に従事している経緯から物流市場の大きさやその課題に関心を持った。物流、とくにトラック運送事業は中小零細企業が圧倒的多数であり、これらの企業が日本の物流を支えているという重要な事実である。しかし、日本のトラック運送は多重構造になっており、事業者が受け取る収入が少ないという問題点が生じてしまう。松本氏はインターネット通販の伸長からトラック運送市場は拡大していると判断し、トラック運送事業を魅力的な産業にするために、運送事業者と荷主を直接マッチングさせる情報システムを構築し、プラットフォーム事業のサービス展開（PickGo）を行った。つまり、小回りの利く5万台の軽貨物自動車のドライバーに直接アクセスでき、荷主のラストワンマイル需要に情報技術を活用してマッチングさせるビジネスモデルある。同社のモデルはドライバーの社会的な地位向上を目的にした、物流の多重構造を単純化するという変革に挑む、物流関連のニッチ型プラットフォーム事業であ

るといえる。

⑤講義テーマ：「物流の不動産業とは―物流産業のユニークビジネス―」、登壇者：株式会社シーアールイー取締役執行役員　後藤信秀氏

株式会社シーアールイーの後藤氏は同社の事例を踏まえて物流不動産という比較的に新しいビジネスモデルの説明を行っている。同社の前身の会社の1社である天幸総建は、1960年代から不動産の業界で活躍し、中古型倉庫の物流施設のマスターリース業を行っていた。その後、事業譲渡や合併を経て、2009年の12月に同社の設立となっている。そして同社は2000年代前半から開発事業に進出している。その後、2014年頃から不動産ファンド事業を開始し、2016年頃にASEANを中心とした国際進出をしている。2018年にはREITのCREロジスティクスファンド投資法人を上場させ、物流インフラプラットフォーム構想という事業ビジョンを提示している。物流不動産の提供のみならず、それ以外の物流業界の課題解決を目指してエコシステムを拡大、形成している。インターネット通販の伸長を背景に、シーアールイーは倉庫の賃貸借ノウハウを基盤に、開発事業による建設のノウハウ、ファンド事業による投資ノウハウ、入居テナントへのロジスティクスサービスの高度化による情報技術の活用のノウハウを蓄積し、様々なノウハウを組み合わせて、入居する顧客企業に問題解決のトータル・サービスとして提供し、イノベーションを推進させている。また人手不足に対応し倉庫の休憩施設やカフェを導入することで、倉庫で働く人たちに働きやすい環境を提供している。

⑥講義テーマ：「アパレルの物流―ファッションビジネスと物流の位置付け―」、登壇者：ディマンドワークス代表　齊藤孝浩氏

ファッション流通コンサルタントである斎藤氏はファッション業界で製造、商社、小売の経験を経ており、在庫のマネジメントに着目した講義を行っていただいた。ファッション業界はニーズの変化が激しいために、在庫の棄損が生やすい。こうした状況を改善するため、消費動向に基づく商品の管理を重点的に行うことに着目した優れた講義である。ファッション製品においてはベーシック商品とトレンド商品に分類できる。したがって在庫管理は同一ではなく、ベーシック商品とトレンド商品の各々に特徴があることを識別した上で店舗、流通センター、調達の側面で対応させる。この講義はサプライチェーン・マネジメントと在庫管理を結び付けた発見の多い内容である。

⑦講義テーマ：「New Reality に対応した日本での物流網の構築」、登壇者：ネスレ日本株式会社サプライ・チェーン・マネジメント本部　上野剛氏

ネスレ日本の上野氏からはネスレのＳＣＭについて語っていただいた。ネスレのＳＣＭは主に生産管理と販売で大きく分かれ、購買、製造、オペレーション、在庫や流通、カスタマーサービスにも関わっている。コロナ禍で食品業界は大きく変容した。在宅勤務の増加、売れ筋商品の変化、チラシ広告の減少、インバウンドビジネスの変化である。在宅勤務が増加することで外食が減り、内食が増えた。スーパーマーケットがチラシ広告を打たなくなったことやインバウンドの一時消失の影響も挙げられた。特にコロナ禍での物流の変化は、ＥＣビジネスの拡大、製造の変化、海外物流の停滞（コロナ禍による物流の滞りなど）などを生じ

応している。

させた。こうした急激な環境変化に対してネスレはＳＣＭのネットワークを見直しすることで環境変化に対応している。

⑧講義テーマ：「災害からの物流ネットワークのレジリエンス」、登壇者：防衛大学校准教授　中澤信一氏

防衛大学校の中澤准教授による災害からの物流ネットワークのレジリエンスというテーマで中澤准教授の個人的見解のもとに語っていただいた。災害派遣を通して自衛隊の支援活動を支える物流の実態と復興への道筋が主たる内容である。主に雲仙普賢岳の噴火災害、阪神淡路大震災、そして東日本大震災が事例となる。震災が生じたときには緊急性、公共性、非代替性の3要素をもとに県知事等の災害派遣要請によって自衛隊は出動する。全国から部隊が集められ、最初は生存者救出が行われる。その後、復興支援として物流が構築されていくという大まかには2段階の流れになる。物流の構築に関しては橋を修復したり、道路からがれきの除去を行う。

災害時には液状化現象、道路の損壊、避難する人々などが生じ、コミュニケーションネットワークや物流ネットワークが混乱し、寸断されている。こうした状況の中で被害状況の把握と救援物資の輸送には、自衛隊の状況把握能力と自治体との連携、民間との連携が欠かせなくなってくる。また同様に、災害対策本部が被災された住民のニーズをきちんと把握して救援物資を調達することが重要であり、かつ簡単なことではないことが示唆されている。被災者に対しては自衛隊による給水支援なども行われる。こうした災害、とりわけ阪神淡路対震災の教訓から災害に備えた装備や備蓄を行うことが求められるのである。災害状況から対応するのは人間であり、災害という平時以外のことを経験することによって組織が対応能力を学習するととも

に、備えという資源の余裕を持つことの重要性を示唆している。

⑨講義テーマ：「美術品の物流」、登壇者：日本通運株式会社美術品支店　大木康代氏

日本通運株式会社の大木氏による「美術品の物流」では、各種の展覧会、修復、オークション売買、引越で展示される文化財／美術品（かけがえのないもの、脆弱なもの）を運ぶことを中心に語っていただいた。まさに貴重な文化財に傷をつけることなく輸送するという「技芸」ともいえるアートを中心に語っていただいた。つまり、輸送のリスクからどのようにそれを回避して美術品を会場に運ぶのかというテーマである。

1949年に法隆寺の火災による文化財の消失によって1950年に文化財保護法が制定され、文化財保護委員会の印刷物を輸送することが同社の美術品輸送のかかわりを持つきっかけになった。1951年の日本古美術展（サンフランシスコ）と日展（京都）が本格的な美術品輸送のスタートになる。それ以降、1964年ミロのビーナス展をはじめとした著名な展覧会などの多くの美術品輸送に関わりノウハウを蓄積していった。日本通運は全国の支店で美術の輸送ができる人材と車を配置し、毎日、美術品の輸送を手掛けている。美術品の輸送は、衝撃や温度を考慮しつつ、クーリエと呼ばれる学芸員などが同行し、ドア・ツー・ドアの最短ルートで運び、貸切輸送が基本になる。また外国から美術品を運ぶ場合には開催する美術館にて通関が行われる保税輸送がなされる。美術品の梱包は安全性と保存性が求められる。この点で同社の美術品の梱包は吸湿性や保温性が高く、かつ丈夫で特殊な和紙を開発して活用している。美術品輸送はチームワークであり、その技術の継承や段取りの重要性が示唆されている。同社の事例はまさにノウハウを組織的に蓄積し、実践している好例である。

5. アート・オブ物流の6領域

最後に各講義の特徴をまとめると物流産業は6つの領域に再構成することができる（図1）。まず2024年問題に取り組むNEXT Logistics Japan株式会社や、中小物流業者の多段階性の解消といった問題に取り組むCBCloud株式会社の事例は「社会的変革の領域」として取られることができるだろう。両社ともに既存の物流構造では成果を上げにくくなっている点を認識し、それを変革しようと試みているのである。

次に株式会社シーアールイーの「物流不動産」という、収益性の高い新しいビジネスモデルについては「物流領域の新展開」として位置づけられるだろう（菊池 2023）。

また日本通運株式会社美術品事業部の美術品運送での、輸送リスクを回避しつつ展示会場へ美術品を慎重かつ最短で運ぶ技術はまさに「芸術」のような職人技である。そしてダイフクの情報技術を中核にした物流センターの設計、構築、支援は技術経営の優れた事例であり、センサー技術を用いた個々の商品の識別技術はとても高い。その意味で「物流技術の領域」として捉えることができる。

地震などの激甚災害への自衛隊の災害・救助対応は地域のインフラ施設が破壊されている中での人命救助であり、被災地域をどのように復興させていくかという地域のレジリエンスの視点が描かれている。またインフラ施設は破損していないが新型コロナウィルスの感染を避けるために人の移動が制約されるという状況においてどのように企業活動を遂行していくのかというネスレ日本のSCMの事例も有意義であった。この意味で「レジリエンス対応という領域」になるだろう。

既述の NEXT Logistics Japan 株式会社や CBCloud 株式会社の事例は見方を変えれば物流プラットフォームビジネスの事例であり、情報技術を活用して荷主とトラック事業者をマッチングさせている。この意味からも「物流のプラットフォーム」と呼ぶことができる。

そして最後に、千疋屋のイノベーションセンター（物流センター）は、高級果物の調達、加工食品の製造、店舗物流、インターネット通販の要となっており、企業戦略として物流の重要性を指摘できるになっている。また斎藤氏の

図１　物流産業の６つの領域

出典：町田一兵作成

講演からは変化の激しいファッション企業は在庫管理が重要であり、ベーシック商品とトレンド商品では在庫管理の対応方法が異なる点が明らかになっており、在庫管理が企業戦略において重要な側面であることが明らかになった。すなわち、「企業戦略としての物流」と見なすことができよう。

長く物流業界に身を置く方と、昨今の物流の課題や解決可能性についてお話しすると、「数十年前から同じ議論をしている…」という反応をいただくことがある。これは当然のことで、物を動かし経済活動を支える、という物流の基本は不変ゆえ、環境変化にさらされるたびに物流産業を構成するテーマが問い直され、その都度改革し、時代の変化に喰らいついてきた。その過程を物語るコメントだと捉えている。

本稿において挙げた物流産業の6つの領域こそが、時代変革の度に可視化されてくる物流の主要テーマであり、その意味で、各領域に分類される本書の各事例は、単なる知識を超えて「物流ということ」、その本質と可能性を私たちの中に強く刻み込むものである。

【参考文献】

Dunne,D.（2018）*Design Thinking at Work*, University of Toronto Press（菊池一夫・町田一兵・成田・庄司真人・酒井理・大下剛訳（２０１９）『デザイン思考の実践』同友館）。
Kotler,P.,H.Kartajayaya, and I.Setiawan（2021）*MARKETING 5.0 : Thechnology for Humanity*（恩蔵直人監訳・藤井清美訳『コトラーのマーケティング５・０』朝日新聞出版）。
井上崇通（２０２３）「流通とは」、井上崇通・村松潤一・庄司真人編著『ベーシック流通入門』同文舘出版、3-20

頁。

菊池一夫（2023）「物流施設とREIT」、坂爪浩史監修・日本流通学会編集（2023）『現代流通事典〔第3版〕』白桃書房、184-185頁。

久保村隆祐（1991）「商学の学び方」、久保村隆祐編著（1991）『商学通論〔新訂版〕』同文舘、1-17頁。

グリニス・チャントレル編・澤田治美（監訳）（2015）『オックスフォード英単語由来大辞典』柊風舎。

黄炳秀（2002）「物流戦略」、澤内隆志編著（2002）『マーケティングの原理：コンセプトと原理』中央経済社、137-154頁。

【講演者・著者紹介】※講演・執筆順

町田一兵（まちだ いっぺい）
明治大学商学部教授
明治大学大学院商学研究科博士後期課程修了、博士（商学）。専門は交通論、物流論。著書に『コロナ禍で変わる地政学―グレート・リセットを迫られる日本』（共著、産経新聞出版）、『一帯一路の政治経済学』（共著、文眞堂）など。

大島 博（おおしま ひろし）
株式会社千疋屋総本店代表取締役社長
慶應義塾大学法学部卒業後、ニューヨーク大学、ロンドン大学に留学。帰国後、輸出入業などに携わる。１９８５年、現社に入社。貿易部長や常務取締役を経て、１９９８年に代表取締役社長に就任。

梅村幸生（うめむら ゆきお）
NEXT Logistics Japan 株式会社代表取締役社長兼ＣＥＯ
慶應義塾大学総合政策学部卒業。１９９６年、日野自動車入社。マーケティング、商品企画、宣伝プロモーションを主に担当しトヨタ自動車総合企画部出向。日野自動車新事業企画部長を経て２０１８年、NEXT Logistics Japan 設立、社長に就任。

細川 誠（ほそかわ まこと）
株式会社ダイフク人材戦略部採用Ｇ
関西学院大学経済学部卒業。１９８３年、大福機工株式会社（当時）入社。

事業部での営業を経験後、子会社で新規事業を立ち上げから担当。２０１７年から採用業務に従事。

松本隆一（まつもと りゅういち）

CBcloud 株式会社代表取締役ＣＥＯ

高校卒業後、２００７年航空保安大学校入学と同時に国土交通省に入省。２００９年より航空管制官として羽田空港に勤務。２０１３年に退省し、他界した義父の運送業を継ぐ。会社経営をしながら自身もドライバーを経験し、同年CBcloud 株式会社を設立。

後藤信秀（ごとう のぶひで）

株式会社シーアールイー取締役執行役員、経営企画本部長

齊藤孝浩（さいとう たかひろ）

ディマンドワークス代表／ファッション流通コンサルタント

明治大学商学部卒業。総合商社のアパレル部門、アパレルチェーンの営業担当役員などを経て、２００４年、有限会社ディマンドワークス（経営コンサルティング）設立。店頭起点の在庫マネジメントをテーマに、多数のチェーンストア型アパレル専門店の業務再構築に携わる。著者に『ユニクロ対ＺＡＲＡ』『アパレル・サバイバル』『図解アパレルゲームチェンジャー』（いずれも日経 BP 日本経済新聞出版）がある。

上野 剛（うえの つよし）

ネスレ日本株式会社サプライ・チェーン・マネジメント本部デマンドアンドサプライプランニング部コンフェクショナリー&ネスレヘルスサイエンス課課長

ネスレ日本入社後、営業部門・マーケティング部門を経て2013年よりサプライチェーンマネジメント本部に所属。

中澤信一（なかざわ しんいち）
防衛大学校戦略教育室准教授　2等海佐
防衛大学校28期（国際関係論）卒業後、海上自衛隊に入隊。主として艦艇勤務を中心に、掃海母艦「うらが」等3隻の艦艇長や掃海隊司令の海上部隊指揮官、幕僚、防大首席指導教官等を経て、現職。

大木康代（おおき やすよ）
日本通運株式会社関東美術品支店営業課長
南山大学文学部卒業、日本通運株式会社大阪支店入社。関西美術品支店、本社美術品事業部を経て関東美術品支店に所属。

菊池一夫（きくち かずお）
明治大学商学部教授
明治大学大学院商学研究科博士後期課程修了、博士（商学）。専門は商業経営論、ロジスティクス論。著書に『日系小売企業のアジア展開』（共著、中央経済社）、『ベーシック流通論』（共著、同文舘出版）など。

2024年2月10日　第1刷発行

明治大学商学部寄付講座シリーズ
アート・オブ・物流
－進化する物流世界の実像－

編　者　明治大学商学部
発行者　脇　坂　康　弘

〒113-0033 東京都文京区本郷 2-29-1
発行所　株式会社同友館
TEL.03(3813)3966
FAX.03(3818)2774
URL　https://www.doyukan.co.jp/

落丁・乱丁はお取り替え致します。
三美印刷／松村製本所
ISBN 978-4-496-05694-9
Printed in Japan